AF218179

algar

Consejo asesor de la colección

Ignacio Aranguren, Salvador Bataller y José Antonio Martínez

Títulos publicados

Existen recursos didácticos referidos a este libro que se pueden descargar de forma gratuita desde la página web www.algareditorial.com.

Questo libro è stato tradotto grazie a un contributo del Ministero degli Affari Esteri e della Cooperazione Internazionale italiano.
Este libro se ha traducido gracias a una subvención del Ministerio de Asuntos Exteriores y de la Cooperación Internacional italiana.

Título original: *Sotto paga! Non si paga!*
© Ugo Guanda Editore S.r.l., Milano
Gruppo editoriale Mauri Spagnol
© Traducción: Mónica Zavala Matteini, 2025
© Introducción: Juan Pablo Heras, 2025
© Algar Editorial
    Apartado de correos 225 - 46600 Alzira
    www.algareditorial.com
Diseño de la colección: Carles Barrios
Cubierta: Pere Fuster

Impresión: Romanyà Valls
1.ª edición: octubre, 2025
ISBN: 978-84-9142-817-6
DL: V-3223-2025

MIXTO
Papel | Apoyando la silvicultura responsable
FSC® C184949

Dario Fo y Franca Rame

¡Aquí no
paga nadie!

Traducción de Mónica Zavala Matteini
Introducción de Juan Pablo Heras

JOVEN
TEATRO
DE PAPEL

ÍNDICE

INTRODUCCIÓN

1. DARIO FO: BIOGRAFÍA

Dario Fo nació en 1926 en Sangiano, un pueblo en la ribera del lago Maggiore, en el norte de Italia. Aunque su padre era ferroviario de profesión, actuaba en una compañía de teatro de aficionados y tanto su madre como su abuelo materno, de origen campesino, eran excelentes narradores orales. Durante la Segunda Guerra Mundial, su padre y su madre colaboraron con la resistencia atendiendo a partisanos y ayudando a judíos perseguidos a pasar a la cercana Suiza. Al terminar los combates, Dario Fo estudió Arquitectura en Milán y empezó a trabajar como escenógrafo en un ambiente teatral efervescente en el que sobresalía como institución el célebre Piccolo Teatro de Milán. En 1950, presentó su primer texto teatral, *Il poer nano* (algo así como 'el pobre chico' en dialecto lombardo), un monólogo sobre la historia de Caín y Abel en el que ensayaba por primera vez lo que sería luego un recurso habitual en su carrera teatral: una peculiar lectura popular de la mitología cristiana que daba la vuelta a relatos y personajes archiconocidos aplicando el punto de vista de los desfavorecidos. Sin embargo, fue 1951 la fecha capital en su vida: aquel año conoció a la actriz Franca Rame, desde entonces su pareja artística y vital, y corresponsable de buena parte de su trabajo artístico. Poco después, Dario Fo empezó a trabajar en la RAI, recitando en la radio monólogos sobre personajes bíblicos o de la tradición literaria, con una intención satírica tan evidente que lo llevó a sufrir por primera vez la censura de los dirigentes de la emisora estatal. Algo parecido ocurrió con su revista teatral *El dedo en el ojo* (1953), que disfrutó de una gira de enorme éxito pese a los numerosos obstáculos que tuvo que afrontar. Desde entonces, las carreras de Dario Fo y Franca Rame fueron un camino constante de ida y vuelta entre el teatro, la radio y la televisión, entre el aprecio de un público numeroso y el recelo o el rechazo de las autoridades, el capital y el clero.

Tras trabajar unos años en Roma para el cine, en 1957 el matrimonio formó la compañía Fo Rame. El éxito de sus primeros espectáculos los llevó de vuelta a la RAI, pero esta vez a la televisión, donde presentaban espectáculos de máxima audiencia que llamaron la atención por denunciar en sus sátiras asuntos controvertidos, como los crímenes de la mafia siciliana, la muerte de trabajadores en accidentes laborales evitables y otros asuntos que desvelaban el abandono de la clase obrera. El escándalo político (con amenazas de muerte incluidas) fue mayúsculo y terminó con Fo y Rame expulsados de la radio y la televisión, a la que no volvieron hasta casi dos décadas más tarde. Sin embargo, a pesar del escándalo, la pareja reforzó el perfil de denuncia social de sus espectáculos, muchos de ellos lecturas subversivas de la historia, como *Isabel, tres carabelas y un charlatán* (1963), sobre los viajes de Colón, o *Esta dama no morirá* (1967), sobre la historia de Estados Unidos, que llevó a Fo a ser detenido (aunque pronto liberado) por no aceptar los cortes de la censura. Poco después, en protesta por la invasión de Praga de 1968, la pareja negó la autorización a las representaciones previstas de esta obra en la Unión Soviética.

Hartos de los problemas con las autoridades, Fo y Rame fundaron en 1968 Nuova Scena y La Comune, asociaciones que acogieron a multitud de profesionales del teatro con el fin de representar en espacios no convencionales espectáculos todavía más combativos y cercanos a los problemas del pueblo. La compañía llevaba estructuras móviles que permitían actuar en plazas, estadios, cines... Los problemas esta vez no vendrían solo de las autoridades, sino del Partido Comunista Italiano (al que Rame estaba afiliada), ya que boicoteó algunos de sus espectáculos por criticar tanto sus posiciones socialdemócratas (es decir, poco revolucionarias) como el estalinismo.

En 1969 y 1970, escribieron y estrenaron dos de sus obras más reconocidas: la primera, *Misterio bufo*, un monólogo interpretado por el mismo Fo que se basaba libremente en los evangelios apócrifos y reivindicaba el origen popular de la obra de los juglares medievales. El éxito fue tan temprano como duradero. En las décadas siguientes se representó en todo el mundo más de cinco mil veces. Su segundo gran éxito fue *Muerte accidental de un anarquista*. Usando recursos de comedia disparatada, Fo y Rame se inspiraron en una investigación en marcha acerca de si el anarquista Giuseppe Pinelli, acusado falsamente de terrorismo, se había suicidado arrojándose desde la ventana de la comisaría en la que estaba detenido o había sido defenestrado por la policía. Durante los años siguientes, las novedades del largo proceso judicial se fueron incorporando al espectáculo. El poder de denuncia contra los crímenes de Estado y la eficacia como comedia convirtieron esta obra en un éxito internacional. Sin embargo, la popularidad del dúo Fo-Rame, que persistió en denunciar la violencia policial con obras como *¡Pum, pum! ¿Quién es? ¡La policía!* (1972), no impidió las continuas amenazas y ataques de agentes de extrema derecha e incluso el secuestro y violación de Rame en 1973.

La dificultad de acceder a teatros oficiales o privados llevó a Fo y Rame a recuperar espacios abandonados en Milán, como el Capannone de via Colletta y, sobre todo, la Palazzina Liberty, donde se estrenó *¡Aquí no paga nadie!*, primera versión de *¡Si no hay paga... nadie paga!*, en 1974, con no menos controversia, como veremos más adelante. Poco después, Franca Rame escribió *Todo casa, cama, iglesia* (1977), el primero de algunos textos que ella misma iba a interpretar y que denunciaban, desde el punto de vista feminista, las injusticias sufridas por las mujeres. Entre los más destacados se encuentran *Pareja abierta* (1983) o *Tengamos el sexo en paz* (1995), en cuya autoría participó su hijo Jacopo Fo. En los años ochenta, las obras de Dario Fo y Franca Rame giraron por todo el mundo, incluso por Estados Unidos, donde en ocasiones fueron rechazadas por las autoridades por la militancia comunista de Franca.

Sin embargo, a pesar de las continuas reposiciones de las obras mencionadas, la labor creativa de la pareja, muy cercana a la actualidad, no cesó: en 1989, escribieron *Storia di Qiu* a propósito de las matanzas de la plaza de Tiananmén en Pekín, así como *El papa y la bruja*, sobre Juan Pablo II. Franca Rame, por su parte, actualizaba sus monólogos hablando de la terrible epidemia del sida.

En 1995, Dario Fo sufrió una isquemia cerebral que le afectó a la vista y la memoria con tanta gravedad que, según los médicos, tendría que dejar de actuar. Sin embargo, se recuperó mucho antes de lo previsto y volvió a los escenarios. Poco después, en 1997, fue galardonado con el Premio Nobel de Literatura, cuya dotación económica fue destinada a ayudar a asociaciones de discapacitados. En sus últimos años, tanto Fo como Rame continuaron escribiendo en la misma doble vía que caracterizó su carrera, siempre desde la comedia, tanto sobre temas de actualidad, como la manipulación genética (*El cerdo*, 2000), como sobre lecturas peculiares de la historia, esta vez acerca de grandes genios de la historia del arte, como Caravaggio, Mantegna, Rafael, Correggio...

En 2013 y 2016, respectivamente, fallecieron Franca Rame y Dario Fo, quienes legaron un amplio repertorio de textos teatrales que sigue vivo en los escenarios de todo el mundo.

2. LA OBRA Y SUS CONTEXTOS

Dario Fo decía que, si dentro de cinco siglos alguien leyera los textos teatrales de nuestro tiempo (situémonos a finales del siglo xx), tendría dificultades para saber a qué época pertenecen: tal es la ausencia de signos y alusiones a la realidad más cercana en la mayor parte de ellos. A menudo, en el teatro contemporáneo se borran los elementos locales y temporales en busca de una supuesta universalidad que deja frío al espectador. Fo y Rame, en cambio, entendían la comedia en su modo primigenio, es decir, el de la antigua Grecia, la de Aristófanes, que subía al escenario temas palpables para el público e incómodos para todo aquel que careciera de sentido del humor. Esta visión de la comedia explica que la obra que tenemos entre manos no sea rígida, sino que se haya ido moldeando con los años, adaptándose a la evolución de los conflictos sociales a los que alude de manera explícita. Contamos al menos con dos versiones publicadas y un número incontable de variaciones que se incorporaban a cada representación, desde su estreno en 1974 con el título *Non si paga, non si paga!* hasta la versión de 2007 llamada *Sotto paga! Non si paga!* En español, Carla Matteini las tradujo como *¡Aquí no paga nadie!* y *¡Si no hay paga... nadie paga!* (en España hubo además una versión libre de Fermín Cabal llamada *Sopa de mijo para cenar*, pero no fue autorizada por la pareja). Entre 1974 y 1980, la primera versión de la obra se mantuvo en cartel casi ininterrumpidamente en la Palazzina Liberty de Milán. Habitualmente, los personajes de Juan y Antonia eran interpretados por Dario Fo y Franca Rame. La versión que se recoge en este libro subió a escena por primera vez en noviembre de 2007 y también se fue adaptando a la actualidad: en el final se alude a acontecimientos políticos de la segunda mitad de 2008 (el rescate de Alitalia).

¿Cuáles han sido los contextos históricos en los que se han enmarcado las sucesivas versiones de esta obra? Empecemos por el principio: en 1973 se produjo la llamada «crisis del petróleo», que se debió a un aumento del precio del combustible derivado de la guerra entre Israel y Egipto, y que supuso una considerable inflación de los precios en Occidente y el fin del crecimiento económico continuado que se había vivido desde 1945. Fue en ese clima de descontento por parte de los más desfavorecidos donde surgió la propuesta de Fo y Rame, en principio una «fantasía» inspirada en las quejas de las mujeres sobre los abusos en la subida de precios de los supermercados, en un contexto de aumento del paro y reducción de salarios. En la obra, un grupo de clientes se rebela y decide llevarse los productos pagando solo lo que considere justo. Esta era la «fantasía». Sin embargo, muy pronto lo que parecía un chiste inverosímil empezó a suceder en la realidad: en diversos supermercados de Milán algunos clientes protestaron contra los precios elevados y se llevaron productos pagando la mitad o menos. En ocasiones formaban grupos numerosos que colaboraban con trabajadores en huelga y gritaban frases de la obra para reivindicar sus derechos. Aunque desde algunos periódicos se acusó al matrimonio de incitar al robo, según su propio testimonio los procesos judiciales abiertos contra los clientes acabaron disculpándolos, reconociendo el exceso intolerable de los precios de aquellos productos.

Los divertidísimos enredos que se suceden en la obra son acompañados de tomas de posición bastante explícitas acerca de los motivos de la crisis económica: según opinan los propios personajes, la inflación y los despidos son provocados por los propietarios al acaparar productos y buscar el beneficio económico a costa de explotar a los trabajadores. Se trata de la clásica visión marxista que sitúa la lucha de clases como causa de todos los conflictos sociales y crisis económicas. Este posicionamiento ideológico es constante en las obras de Dario Fo y Franca Rame, pero varían las circunstancias de cada momento histórico, es decir, los modos con los que el capital causa estragos defendiendo sus intereses y las dificultades de la clase obrera para organizarse de modo efectivo. En la versión de 1974, por ejemplo, los obreros Juan y Luis son cercanos al Partido Comunista Italiano, cuyo líder, Enrico Berlinguer, rechazaba acciones revolucionarias para participar a cambio en la gobernabilidad del Estado. En 2007, Juan es más cercano al Partido Democrático, creado ese mismo año con planteamientos socialdemócratas moderados (demasiado moderados, a juicio de Fo y Rame).

Veamos ahora, punto por punto, los acontecimientos históricos de la primera década del siglo XXI en los que se enmarca la versión presente, estrenada en 2007.

2.1. La globalización

Desde la caída del muro de Berlín en 1989, el capitalismo se impuso en casi todo el mundo gracias a la disolución de la Unión Soviética y al progresivo cambio de régimen económico en China, que, pese a seguir siendo gobernada por un partido único nominalmente comunista, funciona hoy como una economía de mercado. En los últimos años del siglo XX y primeros del XXI, se liberalizó el flujo de capitales y las fronteras para el capital desaparecieron, lo que implicó un imparable proceso de deslocalización de la industria. La mano de obra resultaba más barata en el este de Europa o en Asia, por lo que se trasladó allí la producción de miles de fábricas, hecho que dejó en el paro a muchos trabajadores en todos los países de Occidente. Por eso, en esta versión los obreros subversivos son calificados como «antisistema», mientras que en la de 1974 eran llamados todavía «maoístas», es decir, defensores del comunismo chino ortodoxo. Si en 1974 el camión accidentado llevaba productos a Suiza o Alemania como una maniobra de especulación para provocar en Italia escasez y aumento de precios, en la de 2007 lo que se critica no es el destino, sino el origen: como todo lo que se vende se produce en China, las fábricas italianas están cerrando.

2.2. El euro, la crisis financiera y Berlusconi

En 2002, el euro sustituyó definitivamente a las monedas nacionales de casi toda la Unión Europea: por ejemplo, a la lira en Italia y a la peseta en España. Tanto allí como aquí cundió la percepción de que los comerciantes subían los precios con la excusa del cambio a la nueva divisa. Es más, en la obra se acusa al Gobierno de buscar ese fin de manera deliberada: «¿Qué ley? ¿La que ha consentido el robo de millones al equiparar la lira al euro?» (pág. 60). Pero durante esa primera década del siglo XXI se estaba gestando algo mucho peor: más o menos hacia 2006, y sobre todo a partir de 2008, estalló en todo el mundo una gravísima crisis financiera. Los motivos son difíciles y largos de explicar, pero sus terribles consecuencias pusieron en cuestión las reglas (o su ausencia) de las finanzas internacionales, que habían expuesto a riesgos insospechados los ahorros de millones de personas y generado deudas inmensas que habría que pagar entre todos. La obra aquí publicada es anterior a los efectos más significativos de esta crisis, pero anticipa afirmaciones que serían de uso común en los años posteriores, como «¡Cuidado con los bancos, que son unos timadores!» (pág. 143) o, sobre todo, «¡El capitalismo se hunde, pero se nos cae encima!» (pág. 147).

Otro asunto más concreto y específicamente italiano se cuela en las últimas páginas de la obra: Margarita se queja del abuso de poder que supone «una ley» que permite «anular siete juicios» (pág. 149). Se refiere al último gobierno del primer ministro Silvio Berlusconi (2008 - 2011), que habría utilizado su poder para limitar el de los jueces en los múltiples procesos en los que estaba implicado por su controvertida actividad empresarial.

2.3. Unión y combatividad del proletariado

A través del personaje de Juan, la obra satiriza la supuesta renuncia de los partidos de la izquierda italiana a enfrentarse a los poderes económicos. Como se deduce de la actitud de Juan, temen ser acusados de violentos (hubo un grupo terrorista de extrema izquierda llamado Brigadas Rojas entre 1970 y 1988) y se muestran posibilistas, es decir, priorizan el acceso real al poder a costa de rebajar sus objetivos políticos. Como ya hemos dicho, en la primera versión se trataba del Partido Comunista Italiano y, en la segunda, del Partido Democrático. La semejanza de su actitud timorata como partidos de izquierda es, de hecho, subrayada con humor en un lapsus de Antonia: «Un verdadero comunista..., quiero decir, uno del Partido Democrático» (pág. 134).

Por lo demás, en los discursos de Antonia, Luis o el Agente queda muy clara la reivindicación de que el proletariado, que incluye a todos los trabajadores asalariados empobrecidos, debería unir esfuerzos para defender sus intereses como hacen los patrones que detentan el capital. Esta reivindicación de raíz marxista tiene en Italia un icono indudable: *El cuarto estado,* cuadro del pintor Giuseppe Pelliza da Volpedo, que data de 1901, pero que debe buena parte de su fama a la película de 1976 *Novecento,* de Bernardo Bertolucci; de ahí que Fo y Rame cierren la obra fundiendo a sus personajes con el cuadro, como un corolario emocional que invita al público a unirse y reivindicar los derechos de los más desfavorecidos.

2.4. El problema de la seguridad

Según la visión del mundo que se deduce de los diálogos de la obra, una de las estrategias favoritas del capital para impedir la unión de la clase obrera sería la difusión desaforada en los medios de comunicación de informaciones acerca de sucesos violentos, especialmente si son causados por inmigrantes. Esta sensación inducida de que las calles son peligrosas no se corresponde con un aumento real de la delincuencia, pero genera una sensación de miedo que tendría dos objetivos: por un lado, que los miembros de un mismo proletariado queden artificialmente divididos entre nacionales y extranjeros, olvidando los intereses y agravios que comparten por igual; por otro, ocultar otro problema de seguridad diferente y que ambos llevaban décadas denunciando: la siniestralidad laboral, es decir, los miles de trabajadores heridos o muertos en accidente de trabajo por no disponer de las medidas de protección adecuadas que debe aportar el patrón.

3. RECURSOS TEATRALES

La carrera teatral de Dario Fo y Franca Rame se basa en una investigación constante y un afán incansable por mejorar sus espectáculos. Como actores, los contrastaban diariamente con el público e incluso los grababan para estudiarlos, lo que les llevaba a modificarlos función a función. Sus referentes eran la teatralidad popular, especialmente rica en Italia, que surgía de los juglares medievales y pasaba por las compañías de la *Commedia dell'Arte*, que en los siglos XVI y XVII renovaron el teatro europeo con sus espectáculos basados en la improvisación sobre personajes fijos y la incorporación de actrices en los escenarios por primera vez en la historia. En la década de 1940, el Piccolo Teatro de Milán recuperó para el gran público las técnicas olvidadas de aquellos cómicos en su celebérrimo espectáculo *Arlequín, servidor de dos patrones*, sobre una obra de Carlo Goldoni, que se ha seguido representando durante décadas. Las investigaciones de directores como Giorgio Strehler enmarcaron los comienzos de la carrera de Dario Fo, aunque no tanto como la influencia de su esposa Franca Rame, que provenía de una familia de larga tradición teatral, un grupo de cómicos y marionetistas que vivían de modo itinerante representando sus espectáculos en los pueblos del norte de Italia. Es esta confluencia de tradiciones culta y popular, sumada al compromiso cívico que impulsó todo su trabajo, lo que explica las peculiares características de la obra que nos ocupa: una comedia construida como un reloj, dotada de todo tipo de mecanismos cómicos eficacísimos y perfectamente ajustados para hacer reír y a la vez denunciar los abusos que sufre la clase obrera. Veamos algunos de estos recursos teatrales, comparando esta obra con lo que Fo y Rame explican en su libro *Manual mínimo del actor*.

3.1. *La ignorancia como motor cómico*

La pareja insiste mucho en el concepto de «situación dramática». Sea cual sea el conflicto que se da entre los personajes de una obra teatral, sus diálogos tienen sentido para el público en la medida en que este conoce la situación, es decir, las circunstancias en las que se enmarcan las acciones (como la rivalidad entre las familias de Romeo y Julieta). Pues bien, una comedia eficaz funciona a menudo cuando el público conoce la situación mejor que el protagonista. Ponen de ejemplo la *Cantata de los pastores*, una pieza teatral napolitana muy popular en los siglos XVII y XVIII en la que dos pícaros viajan junto a la Virgen María y la ayudan en un sinfín de aventuras sin darse cuenta nunca de quién es. Pues bien, en la primera escena de *¡Aquí no paga nadie!*, buena parte de la comicidad se sustenta en la ignorancia de Juan y, sobre todo, en su confusión ante los mensajes contradictorios con los que Antonia va improvisando una versión de lo sucedido, que el público ya conoce por el diálogo inicial con Margarita. Parte de la estrategia de Antonia para convencer a Juan pasa por inventar razones aceptables para justificar sus decisiones inaceptables y fingir humildad otorgando la autoridad sobre lo decidido al propio Juan mediante la pregunta reiterada «¿He hecho bien?». El hilo cómico se aprovecha extendiéndolo todavía más cuando Juan se encuentra por primera vez con Luis y le transmite todos los disparates que se ha creído como si jugara, sin saberlo, al teléfono escacharrado.

3.2. El protagonista es el que escucha

Como hemos visto, la astucia de Antonia, que también se demuestra cuando engaña al Sargento con lo del milagro de santa Eulalia, es un motor de comicidad permanente. Sin embargo, es difícil precisar si es ella la protagonista de la obra o si lo es Juan. Intuitivamente, sentimos que lo es Juan, tal vez porque ocurre lo mismo que Fo y Rame describen a propósito de los diálogos que suelen darse entre los dos payasos de circo más frecuentes en la tradición: Louis y Augusto. El primero, habitualmente de cara blanca y de apariencia más formal y cultivada, habla sin parar; el segundo, de nariz roja, gestos torpes y carácter ingenuo y bonachón, escucha y apenas abre la boca. Pero cuando habla provoca con sus réplicas la risa del público. Parece que entre Antonia y Juan se dé una relación similar: Antonia crea un mundo inverosímil y disparatado con sus palabras con el fin de sobrevivir a los problemas; Margarita, Juan o el Sargento acaban tan embaucados que apenas pueden dar algunas réplicas que por su simpleza resultan desternillantes.

3.3. Teatro dentro del teatro

En un momento dado, Juan (pág. 124) recuerda que es frecuente en compañías «de cuarta» que un mismo actor interprete varios personajes. En efecto, es un recurso frecuente en el teatro cuando el número de personajes no se ajusta al de actores disponibles. Se da mucho en grupos de aficionados o escolares, pero a menudo también en el teatro profesional, a veces buscando determinados efectos artísticos. Lo que hacen aquí Darío Fo y Franca Rame, y que ya habían ensayado en su éxito anterior *Muerte accidental de un anarquista*, es jugar con el equívoco entreverando dos planos: el de la ficción de los personajes y el de la realidad de los actores. Es decir, normalmente, el público acepta la convención de que un mismo actor es, según el momento, distintos personajes, siempre que estos últimos no perciban la similitud. En este caso, en cambio, lo sorprendente es que los personajes notan el parecido, un parecido que solo es explicable desde el plano real de los actores, no desde el de la ficción. Otra intromisión metateatral de los actores en el mundo de los personajes la encontramos en el momento en el que Antonia le pide a Margarita que la ayude a mover una mesa para preparar el cambio de la escena primera a la segunda del segundo acto (pág. 100). Este gag no estaba en la versión de 1974; es probable que se improvisara en alguna función y se acabara fijando por la buena respuesta del público.

3.4. Efectos de distanciamiento

La ruptura de las convenciones de la ficción, como los juegos metateatrales mencionados, genera comicidad por sí misma (al principio por inesperada y luego por reiterada), pero también se asemeja a los recursos de distanciamiento que proponía Bertolt Brecht en su modelo de teatro épico. Se trata de un planteamiento escénico muy influyente en la escena europea del siglo XX que buscaba precisamente romper en momentos puntuales la inmersión del espectador en la ficción para que reflexionara sobre la injusticia y la opresión social reflejadas en las obras, con el fin de incitar a la acción política. El mismo sentido tiene la frecuencia con la que los actores de esta obra deben lanzar mensajes explícitamente revolucionarios, lo cual acaba por desbordar a sus propios personajes. Esto se sumaría a las referencias críticas a la estricta actualidad que han quedado registradas en algunas grabaciones de funciones de esta obra interpretadas por Fo y Rame, en las que los actores salen completamente de sus personajes para denunciar determinadas situaciones de la realidad compartida con los espectadores.

3.5. El espacio ampliado

Una teatralidad popular implica una pobreza de recursos técnicos, una carencia que se suple con imaginación y con complicidad con la inteligencia del espectador. El espacio dramático que se propone en esta obra es muy sencillo: un espacio representable de manera más o menos realista que es el piso de Antonia y Juan, por un lado, y un telón de boca con la imagen de *El cuarto estado* de Pellizza da Volpedo que oculta la casa y sitúa a los actores en un proscenio vacío, por otro. Sin embargo, el espacio diegético, es decir, el de la ficción, es mucho más amplio: abarca lo que los personajes mencionan, como las calles y los supermercados, pero también lo que los personajes pueden ver y el público no. Se trata de una teicoscopia, recurso mediante el cual los personajes aluden verbalmente a espacios contiguos al espacio dramático, pero de difícil representación. En este caso, se refiere a la carretera con el camión accidentado y las calles que se ven desde la ventana. Lo interesante es que no es solo un recurso para suplir las carencias del espacio teatral, sino una llamada a la imaginación y una incitación a la revuelta, ya que estos espacios descritos mediante la teicoscopía están poblados de multitudes que realizan actos subversivos.

JUAN PABLO HERAS

¡Aquí no paga nadie!

En un tiempo no muy lejano, muchos de nosotros soñábamos con una clase obrera llena de fuerza y dignidad. Hoy, sus dirigentes piensan más en un partido de los bancos.

PRÓLOGO

El espectáculo que vamos a interpretar se representó por primera vez en 1974.

Cuando estrenamos, la historia resultaba bastante inverosímil, incluso surrealista; de hecho, mostrábamos situaciones que no habían sucedido. Hablábamos sobre mujeres de los barrios periféricos de Milán que, cuando iban al supermercado a hacer la compra, se encontraban, de pronto, con una subida de precios desmesurada y que, enfurecidas, decidían no pagar el precio que les pedían, sino solamente la mitad. Nosotros representábamos una historia que nos habíamos inventado...

Recuerdo que, al principio, cuando interpretábamos aquí, en la Palazzina Liberty, esta función, para el término *apropiación indebida* empleábamos los eufemismos *gasto proletario* o *desobediencia civil*.

Hubo incluso algún crítico que nos acusó de hacer teatro de política ficción, de imaginar historias excesivamente paradójicas y absolutamente inverosímiles.

Evidentemente, estos periodistas no estaban informados sobre la realidad de las cosas, eran personas que no estaban actualizadas y que, como ni siquiera leían el periódico para el que trabajaban, tampoco fueron capaces de prever lo que se avecinaba.

Unos meses después del estreno, sucedió exactamente lo que pasaba sobre el escenario. ¡Lo mismo! Los clientes que habían aplicado el gasto proletario fueron arrestados y procesados. En esos días de debate, el periódico *Il Giornale*, dirigido por Indro Montanelli, le pidió al juez que nos incriminase, porque, con esta función, habíamos inspirado e instigado a los obreros para que cometiesen el delito de apropiación indebida.

DARIO FO

PERSONAJES

ANTONIA, desempleada

JUAN, obrero, marido de Antonia

MARGARITA, empleada temporal

LUIS, obrero, marido de Margarita

AGENTE DEL ORDEN PÚBLICO

SARGENTO de la Policía municipal

EMPLEADO DE LA FUNERARIA

VIEJO, padre de Juan

SEGUNDO EMPLEADO DE LA FUNERARIA

MUNICIPALES

POLICÍAS

REPONEDORES

MOZO

UN HOMBRE

UNA MUJER

Los papeles del agente del orden público,
del sargento, del empleado de la funeraria
y del viejo los interpretará el mismo actor.

ACTO PRIMERO

Un piso modesto de una familia obrera. A la izquierda del escenario, un aparador con vitrina, una cama. A la derecha, un perchero, y a su derecha, un armario de una puerta. En el centro, una mesa y tres sillas. Al fondo, una alacena con la vajilla, una nevera, una cocina de gas y, detrás, dos bombonas para soldadura autógena. Para las escenas que suceden en el exterior, se ve un telón de boca que representa El cuarto estado, *de Giuseppe Pellizza da Volpedo.*

En realidad, hoy, esta acción está ambientada en la calle.

Con la luz, entra ANTONIA *(la dueña de la casa), seguida de* MARGARITA *(una amiga más joven). Van por la calle, cargadas con bolsas de plástico llenas hasta los topes.*

ANTONIA. Menos mal que nos hemos encontrado, porque, si no, no sé qué hubiera hecho para subir todo esto... Deja que me recupere.

MARGARITA. ¿Se puede saber de dónde has sacado el dinero para comprar tantas cosas?

ANTONIA. ¡Ya te he dicho que lo he ganado con puntos! Fíjate que dentro de un paquete de detergente me he encontrado una moneda de oro... con la cara del papa, por la gracia de dios, que en la lotería de este año ha perdido treinta y cinco millones de euros.

MARGARITA. ¡Qué falta de fe! ¡Por fin los ricos también lloran! ¡Pero deja de hablar de monedas de oro!

ANTONIA. ¿Qué pasa? ¿Es que no te lo crees?

MARGARITA. ¡Pues no!

ANTONIA. Vale, pues entonces te cuento otra cosa... A ver, había un... *(MARGARITA, harta, hace ademán de marcharse).* ¿A dónde vas?

MARGARITA. ¡Me voy!

ANTONIA. ¡Anda, ven..., picajosa! Siéntate..., venga, que te cuento la verdad...

MARGARITA. *(Se sienta sobre un paquete de botellas de agua).* Venga, cuenta.

ANTONIA. Esta mañana he ido a hacer la compra porque habían anunciado descuentos. Llegamos al súper... No sé ni cuántas éramos... A ver, había unas cuantas mujeres e incluso algún hombre a berrido limpio protestando porque habían vuelto a subir los precios del día anterior. ¡Qué locura! Y el director intentaba que nos tranquilizásemos: «Yo no puedo hacer nada», decía. «Los precios los ponen en dirección, y son ellos los que deciden la subida». «¿Cómo que ellos lo deciden? ¿Con qué permiso?», dice una mujer. «No necesitan el permiso de nadie, es legal, hay libertad de precios, es la libre competencia». «¿Libre competencia contra quién? ¿Siempre tenéis que ir contra nosotros? ¡Nos estáis arruinando! Nos subís los precios... ¡La bolsa o la vida!». Y yo: «Sois unos ladrones». ¡Y luego me he escondido, porque me ha dado mucho miedo!

MARGARITA. ¡Muy bien hecho!

ANTONIA. Después, una ha dicho: «¡Basta ya! Hoy los precios los vamos a poner nosotros. Vamos a pagar lo que pagábamos el mes pasado. De hecho, vamos a echar cuentas de lo que nos costaba en liras». Y una ha dicho: «¡Bueno, más o menos la mitad de lo que cuesta ahora!». Y otra ha dicho: «¡Si os ponéis en ese plan, nos lo llevamos y no pagamos nada! ¿Lo entiendes? ¡¡Lo tomas o lo dejas!?». La cara del director era un poema, se ha puesto blanco como el papel: «¡Estáis como una cabra! ¡Voy a llamar a la policía!». Sale disparado hacia la caja para llamar por teléfono..., pero el teléfono no funciona. Alguien había arrancado el cable. «¡Abran paso, abran paso! ¡Tengo que ir a dirección! ¡Abran paso...! ¡Que me dejen pasar!». Pero no conseguía hacerse un hueco... con tantas mujeres a su alrededor... y él empuja... y empuja... y nosotras también empujamos, y una mujer fingía que le habían dado un puñetazo en la tripa, se tiró al suelo y se hizo la desmayada.

MARGARITA. ¡Pero qué tía!

ANTONIA. ¡Tendrías que haberla visto, una artistaza! Parecía de verdad... Una mujerona gorda, mayor, levanta un dedo, que parecía una ametralladora..., señala al director y le dice: «¡Cobarde! Te has aprovechado de una pobre mujer que podría estar embarazada. ¡Como pierda al niño, prepárate para la que te va a caer! ¡Vas a acabar en la cárcel! ¡Asesino!». Y después todas a coro: «¡In-fan-ti-ci-da, in-fan-ti-ci-da, in-fan-ti-ci-da!». *(Sonora carcajada)*. ¡Me meaba de la risa!

MARGARITA. ¿Y al final qué ha pasado?

ANTONIA. Bueno, al final el tonto del director, muerto de miedo, ha tragado y hemos pagado lo que acordamos entre todas. La verdad es que alguna se ha pasado y ha querido dejar a deber... *(se ríen)* sin dejar su nombre: «¡No, no pienso decirle dónde vivo», decía, «que usted, querido director, es capaz de denunciarme..., que le conozco! Tiene que confiar, tiene que tener fe. *(Las mujeres se levantan y hacen ademán de irse con las bolsas)*. Su supermercado de confianza... ¿No es eso lo que siempre decís? ¡Así que hasta pronto! ¡Y con confianza!».

MARGARITA. *(Ríe)*. Ja, ja, ja.

ANTONIA. «¡Que viene la policía!», gritaba alguien... *(Deja las bolsas en el suelo)*.

MARGARITA. *(Intenta escapar)*. ¡¿Eres tonta?! ¡Qué susto me has pegado!

ANTONIA. No, porque era una falsa alarma... Pero hemos salido todas corriendo... Algunas se dejaban las bolsas en el suelo, otra se ha echado a llorar del sofocón que tenía. «¡Calma!». Han aparecido los conductores de tranvía y los empleados del Ayuntamiento, que se estaban manifestando en la puerta, porque llevaban tres años sin que les revisaran el contrato. «¡Calma! ¡Calma! ¿Pero qué os pasa? ¿Tenéis miedo de que venga la policía? ¡Por dios! ¡Pero si tenéis derecho a exigir pagar un precio más justo! ¡Esto es como si fuera una huelga. Bueno, no, esto es mucho mejor que una huelga, porque en las huelgas los obreros nos quedamos sin sueldo... y en esta huelga el patrón es el que sale perdiendo!». *(MARGARITA ríe y aplaude)*. «¡Si no nos pagan, no pagamos! ¡Sin paga, no pagamos! ¡Y esto es por toda la pasta que nos habéis robado al hacernos pasar de la lira al euro y por todos los años que llevamos comprando aquí!». Y venga a coger cosas e irse.

MARGARITA. ¿Sin pagar?

ANTONIA. ¡Sí! Y entonces me lo he pensado... He tenido una lucha conmigo misma..., una lucha tremenda, y después... he vuelto a hacer la compra. «¡Sin paga, no se paga!», gritaba yo también. Y las demás: «¡Eso! ¡Sin paga, no se paga!». ¡La desmayada se ha recuperado rápido! Recorría las estanterías: «¡No se paga! ¡No se paga! ¡No se paga!». ¡Parecía la toma de la Bastilla!

MARGARITA. ¡Ja, ja, ja! ¡Qué maravilla! ¡Qué rabia me da no haber podido estar! Todo el día en el *call center*... «Buenos días. Soy Margarita, ¿puedo ayudarle en algo? ¿Le interesa nuestra nueva oferta?».

(Se abre el telón de boca y nos encontramos en el apartamento de ANTONIA).

ANTONIA. Y entonces nos dicen que venía la policía, esta vez de verdad... ¡Y salimos todos pitando por las calles laterales! ¡Menos mal que me he encontrado contigo y me has ayudado con las bolsas...! ¡Estoy tan emocionada! ¡Mira, yo esto lo haría todos los días! ¡No solo por no haber pagado, sino porque de repente estábamos todos juntos, mujeres y hombres, por algo que era justo... y valiente!

MARGARITA. Pero, perdona, ¿y ahora qué vas a contarle a tu marido? No irás a decirle lo de los puntos...

ANTONIA. ¿Tú crees que no cuela?

MARGARITA. Yo creo que no.

ANTONIA. Ya, claro... A lo mejor es demasiado para él. Es que con lo legalista que es... me la monta fijo. Y eso sin contar con que hoy me he gastado el poco dinero que me quedaba y mañana no voy a tener ni un duro para pagar el gas, la luz y la hipoteca..., que la puse variable... Ya no sé ni cuántos meses llevo sin pagarla...

MARGARITA. Bueno, si es por eso, yo tampoco tengo un duro... Y el alquiler, llevo meses sin pagarlo, que como se entere Luis... *(Ayuda a ANTONIA a colocar la compra)*. Y ni siquiera he podido hacer la compra que has hecho tú...

ANTONIA. Eso se soluciona rápido. Aquí hay comida para un regimiento... Coge lo que quieras y te lo llevas a casa.

MARGARITA. No, no, por favor... Gracias, pero no la quiero... Y es que, además, ya te lo he dicho, no te la puedo pagar.

ANTONIA. *(Seria)*. Bueno, si no tienes dinero para pagarla... *(Cambia el tono)*. ¡Pero tú eres tonta! Más de la mitad me la he autorregalado... ¡¿Y crees que te la voy a cobrar?! ¿Por quién me tomas? ¡Hoy nos han fiado! ¡Venga, llévatela, que además ya no tengo ni sitio donde meterla!

MARGARITA. Sí, claro, ¿y qué le cuento yo a mi marido? «¡Esto es medio robado!». ¡Me va a matar! Que no, que no.

ANTONIA. *(Mientras habla, saca latas de la bolsa)*. El mío no, el mío no me mata porque lo prohíbe la ley... ¡Pero me va a matar a base de broncas! Se asomará a la ventana y gritará: «¡Mi mujer es una ladrona!» *(ANTONIA avanza hasta el proscenio, hasta una ventana a la que se asoma)*. Mencionará su honor y su nombre arrastrado por el fango: «¡Antes morir de hambre que ir contra la ley! ¡Yo he pagado siempre hasta el último céntimo!... ¡Pobre pero honrado!». ¡Y se meterá en el armario!

MARGARITA. *(Maravillada).* ¿En el armario?

ANTONIA. ¡Pues claro! Cada vez que discutimos..., desde hace veinte años..., se encierra en el armario... No para de sudar, pero no sale. ¡Él se organiza ahí dentro! Tiene su lamparita, su banqueta... Se mete y se lee todo el proyecto sindical..., se lo aprende de memoria. ¡Solo abre para insultarme! Basta de cháchara, que voy a hacer una sopa..., que tengo un hambre...

MARGARITA. Uy, el caso es que yo también...

ANTONIA. ¿Nos preparamos una comidita...? ¡Uf, qué hambre! Hoy he ido dos horas a limpiar a la guardería y he ayudado a dar de comer a los niños... ¿Sabes que les he robado la papilla? Les metía la cuchara, «¡Come, come..., que está muy buena... Mira..., yo también me la como! Aaam, aaam...». ¡¡¡Casi me como hasta la cuchara!!! ¡Qué vergüenza, pobre niño! *(Mira una lata que tiene en la mano).* ¿Pero esto qué es? *(Lee).* ¿Preparado a base de carne para perros y gatos? ¡Pero bueno! *(Le pasa la lata a MARGARITA).*

MARGARITA. *(Lee).* ¡Homogeneizada y de diferentes sabores! ¿Por qué la has cogido?

ANTONIA. ¡Pero si no podía elegir! Se ve que con el trasiego he agarrado lo que primero que he pillado... *(Coge otra lata).* ¡Y esto!

Margarita. *(Lee).* ¡¿Alpiste para canarios?! Pío..., pío..., pío... *(Ríe).*

Antonia. Bueno, menos mal que no lo he pagado, que si no iba a tener que comerme una. *(Lee).* «¡Cabeza de conejo congelada!».

Margarita. ¿Pero qué estás diciendo? ¡¿Una cabeza de conejo?! ¡¿Ahora congelan las cabezas de conejo?!

Antonia. Mira lo que pone: «Para enriquecer la comida de vuestros pollos..., cinco cabezas de conejo por cincuenta céntimos...».

Margarita. ¡Pues son bien baratas!

Antonia. *(Con disgusto).* ¡Y ni siquiera puedo ir a devolverlas, porque, si me ven, me detienen! En fin, qué le vamos a hacer...

Margarita. *(Ríe divertida).* ¡Pero esto es increíble! ¿Y tú querías que me llevase esta porquería a mi casa?

Antonia. ¡Claro que no! Si a mí me encantan las cabezas de conejo... Ya me las como yo... Tu llévate lo normal: aceite, pasta... Venga, muévete, que además tu marido tiene el turno de noche y tienes tiempo de sobra para esconderlo. *(Vuelve a meter las latas en la nevera).*

Margarita. Sí, claro. ¿Y si viene la policía a registrar casa por casa?

Antonia. ¡Pero no digas tonterías, cómo va a venir la policía! Esta mañana en el súper estaba el barrio entero... Anda que... *(Se asoma a la ventana).* Somos unas diez mil familias... La policía no tiene nada mejor que hacer que venir a registrarnos uno por uno... *(Mira hacia el otro lado, alarmada)*. ¡Mierda, mi marido! Está justo abajo. Que sube, que sube. Y no he escondido la compra... Guárdame esto...

MARGARITA. *(Asustada)*. ¿Dónde lo meto?

ANTONIA. ¡Debajo del abrigo! *(MARGARITA se mete las cosas dentro del abrigo hasta el vientre)*. Ayúdame a meter lo mío debajo de la cama... *(Rápidamente, carga las bolsas que hay sobre la mesa y las mete bajo la cama. Mientras, sigue hablando)*. Si Juan me pilla con esto, llama a la policía: «¡Agente, arreste a mi mujer! ¡Es una ladrona! ¡Una asesina! ¡Restauren la pena de muerte!». ¡Venga, corre..., bloquéale la entrada! Cuéntale algo...

MARGARITA. ¿Qué quieres que le cuente?

ANTONIA. ¡Lo que sea! ¡Que en la tele han dicho que dentro de unas horas va a haber un apagón total, que la ciudad entera se va a quedar a oscuras!

MARGARITA. ¿De verdad? ¿Y eso cuándo lo han dicho?

ANTONIA. ¡No lo han dicho...! ¡Dios, qué sosa eres!

MARGARITA. *(Se acerca a la puerta y se topa con el marido de ANTONIA, JUAN, que está entrando en casa)*. Buenos días, Juan...

ANTONIA. Ah, buenos días, Margarita... ¿Cómo estás?

MARGARITA. *(Deprisa, muy nerviosa)*. Bien, gracias... Perdona..., tengo que irme a casa corriendo porque viene el apagón... Adiós, Antonia... *(Sale)*.

ANTONIA. (*JUAN mira perplejo el tripón de* MARGARITA *mientras sale*). Juan, ¿qué haces ahí pasmado? ¡Por fin has vuelto, ya era hora! ¿Dónde has estado?

JUAN. ¿Pero qué le pasa a Margarita?

ANTONIA. ¿Qué le pasa de qué?

JUAN. ¡Pues que está enorme por delante, tiene un tripón!

ANTONIA. ¿Y qué? ¿Es la primera vez que ves a una mujer casada con un tripón?

JUAN. ¿Quieres decir que está embarazada?

ANTONIA. (*Pone la mesa para la cena: mantel, platos, vasos y cubiertos*). Bueno, eso es lo mínimo que te puede pasar cuando haces el amor.

JUAN. ¿Pero de cuánto está? El domingo pasado la vi y no me pareció...

ANTONIA. ¿Desde cuándo sabes tú algo de mujeres? ¡Además, que el domingo pasado fue hace una semana..., y en una semana puede pasar cualquier cosa!

JUAN. Mira, yo seré un imbécil, pero no hasta ese punto... Y además Luis, su marido, trabaja en el mismo departamento que yo, de hecho, a mi lado, y me cuenta siempre todas sus cosas y las de su mujer... y no me ha dicho nada sobre que estuvieran esperando un niño...

ANTONIA. (*No sabe cómo salir*). Bueno, hay cosas que a veces a uno... no le apetece ir contando por ahí.

JUAN. ¿Cómo que no le apetece contarlo? ¿Pero eres tonta? ¡¿Cómo no le va a apetecer contar que su mujer está embarazada?! ¿Le da vergüenza? «¡Qué horror, he embarazado a mi mujer!».

ANTONIA. *(Busca las palabras)*. Puede... que no te lo haya dicho porque... todavía no lo sabe. *(JUAN la mira atónito. Ella sigue impertérrita)*. Y si él no lo sabe, ¿cómo te lo va a contar a ti?

JUAN. ¡¿Pero cómo no va a saberlo?!

ANTONIA. Bueno..., ¡será que ella no se lo ha querido decir!

JUAN. ¡¿Cómo que no se lo ha querido decir?!

ANTONIA. Pues sí, porque ella... es muy discreta... y también porque Luis... siempre le dice que todavía es muy pronto, que no es el momento, que, con la crisis que hay, primero tienen que asentarse..., que, si se queda embarazada, la empresa en la que trabaja la pone de patitas en la calle. De hecho, él está empeñado en que tome la píldora.

JUAN. Y, si toma la píldora, ¿cómo se ha podido quedar embarazada?

ANTONIA. Bueno..., ¡debe ser que no le ha hecho efecto! ¡A veces pasa!

JUAN. Y, si a veces pasa, ¿por qué se lo oculta a su marido? ¿Qué culpa tiene él?

ANTONIA. Bueno, puede que la píldora no le haya hecho efecto porque... ella no se la ha tomado... Y la píldora..., si no te la tomas... *(no sabe qué decir)*, puede pasar que la píldora... no te haga efecto. *(Coge una escoba y empieza a barrer la casa)*.

JUAN. ¡¿Pero qué dices?!

ANTONIA. *(Con tos nerviosa)*. Margarita es muy católica, y como el papa ha dicho que la píldora es pecado mortal...

JUAN. ¿Pero estás tonta? ¡Hablas como una loca! Dices que la píldora no le hace efecto porque no se la toma... ¡El papa! ¿Ella con un tripón de nueve meses y el marido no se da ni cuenta?

ANTONIA. *(Cada vez más agobiada)*. Puede que Luis no se haya dado cuenta... porque Margarita... ¡se venda la tripa!

JUAN. ¡¿Se la venda?!

ANTONIA. ¡Pues sí, se venda mucho, se la aprieta... para que no se le note! De hecho, justo hoy, cuando me la he encontrado por la calle, le he dicho: «¡Pero Margarita!, ¿sigues vendándote?». Se lo he dicho de un modo que casi se quita la venda allí... en medio de la calle. «Estás loca. ¿Acaso quieres perder el niño? ¡Lo vas a ahogar! ¡Quítate ahora mismo esa venda! Y, mira, si te despiden, ¡peor para ellos! ¡El niño es lo más importante!». ¿Crees que he hecho bien?

JUAN. ¡Pues claro que has hecho bien! ¿Qué quieres que crea?

ANTONIA. ¿He sido buena?

JUAN. Sí, sí..., muy buena.

ANTONIA. Así que Margarita se viene a casa y ha decidido desvendarse, y, ¡¡¡plaf!!!, ¡¡¡un tripón!!! ¡¡¡Tendrías que haberlo visto!!!

JUAN. ¡Pero si la he visto!

ANTONIA. Y también le he dicho: «¡Y si después tu marido te la monta, dile que venga a mi casa, que mi Juan le va a decir cuatro cosas muy claritas!». ¿He hecho bien?

JUAN. ¡Por supuesto que has hecho bien! ¡Claro que has hecho bien!

ANTONIA. ¿He sido buena?

JUAN. *(Distraído)*. Pues claro, claro...

ANTONIA. Vale. «Claro, claro...». ¿Te parece normal contestarme eso? ¿Te pasa algo conmigo? Dime, ¿qué te he hecho yo?

JUAN. Que no, que no es contigo... Estoy así por una cosa que ha pasado hoy en la fábrica.

ANTONIA. ¿Qué ha pasado?

JUAN. Hay una tensión horrible por todas partes... ¡La empresa ha decidido deshacerse de cuatro de nuestras líneas para reimplantarlas en Rumanía! Y nos obligan a elegir: o el despido o a Rumanía..., desplazados... Nosotros nos vamos allí y ellos vienen aquí: se llama «movilidad laboral». Y después dicen que no trabajamos, que hay mucho absentismo laboral... De hecho, en mi fábrica han despedido a cuatro obreros. ¡Que llevaban veinte días muertos! ¡Estos huelguistas..., con la excusa de estar muertos, no vienen a trabajar! Con el panorama que tenemos, en vez de quedarnos tranquilos..., hoy cinco obreros..., solo cinco, han liado una bronca en el comedor, pero bien gorda, por la comida: «¡Esto es una porquería! ¡No hay quien se lo coma, nos dais las sobras!».

ANTONIA. ¿Y qué pasa, era de buena calidad y abundante?

JUAN. No, no... Era una porquería... ¡Pero no hacía falta que se pusieran todos a la vez a montar la bronca!

ANTONIA. Bueno, todos... ¡Pero si has dicho que eran cinco!

JUAN. ¡Al principio eran cinco! ¡Pero después los han seguido los demás...! ¡Han comido y se han ido sin pagar!

ANTONIA. ¿Ellos también?

JUAN. ¿Cómo que ellos también?

ANTONIA. Sí, quiero decir, que no solo esos cinco..., sino también todos los demás...

JUAN. ¡Sí, incluso los enlaces sindicales..., que deberían dar ejemplo... y no juntarse con extremistas!

ANTONIA. *(Finge indignación)*. ¡Desde luego!

JUAN. Pero la cosa no se queda ahí: voy a tomar el metro, paso por delante del supermercado y veo a muchísimas mujeres..., no sé..., unas trescientas, a berrido limpio... salir llenas de bolsas y gritando: «¡Esto lo hemos pagado al precio que nosotras hemos decidido!». ¡¿Qué te parece?!

ANTONIA. *(Aún más indignada)*. ¡Pero bueno, no me lo puedo creer!

JUAN. ¡Y ahí no queda la cosa! ¡Habían desvalijado todas las estanterías y la mayoría se iban sin pagar!

ANTONIA. ¡¿Ellas también?!

JUAN. ¿Cómo que ellas también?

ANTONIA. Quiero decir, igual que los sinvergüenzas de tu fábrica que no han pagado en el comedor.

JUAN. ¡Pues sí, ellas también! Y han llegado incluso a pegar al director.

ANTONIA. ¿Qué director? ¿El del supermercado o el del comedor?

JUAN. ¡¡¡A los dos!!!

ANTONIA. *(Incrédula).* ¡Pues vaya, han matado dos pájaros de un tiro! ¡Ahora sí que me quedo loca!

JUAN. ¡Desde luego! ¡Esos proletarios de las narices! Para que después puedan decir que los obreros robamos, que somos lo peor, que somos chusma...

ANTONIA. ¿Pero qué tienen que ver los obreros? ¿No eran las mujeres las que se llevaban la compra a un precio más bajo?

JUAN. ¡Sí, pero en casa están ellos, los maridos..., los obreros, y miran hacia otro lado! Puede que hasta digan: «¡Muy bien, muy bien hecho!». En vez de estamparles en la cabeza cada una de las latas..., cada bolsa. *(ANTONIA, instintivamente, se toca la cabeza, preocupada).* ¡Mira, si mi mujer se mete en una cosa así, le hago comerse la lata con su cierre y todo! Y a ti que ni se te pase por la cabeza animarte, porque, como yo me entere de que has arramplado en el súper, o incluso que has pagado una sola lata de sardinas por debajo de su precio, yo... yo...

ANTONIA. *(Se toca el cuello, como si se estuviese tragando una lata).* ¡Haces que me la coma con su cierre y todo! ¡Que ya lo sé!

JUAN. ¡No, peor! ¡Me voy de esta casa...! ¡Hago un hatillo y no me vuelves a ver! ¡O, mejor, primero te mato y después pido el divorcio!

ANTONIA. *(Furiosa).* ¡Oye, que, como me hables en ese tono, te puedes ir ahora mismo... hasta sin divorcio! ¿Cómo te atreves a insinuar que yo...? Mira... Antes que traer a casa comida que no he pagado como manda la ley, yo... yo.... ¡te mato de hambre!

JUAN. ¡Lo prefiero! *(Cambia el tono).* Por cierto, ¿qué hay de cena? Con el lío del comedor, ni siquiera he comido. *(Se sienta a la mesa).* ¿Qué hay hoy para comer?

ANTONIA. ¡Esto! *(Coloca encima de la mesa la lata de comida para perros y gatos).*

JUAN. ¡¿Cómo?!

ANTONIA. ¡Está buenísima!

JUAN. ¡Estará buenísima para los perros!

ANTONIA. No había otra cosa. Y además es barata, nutritiva..., y está llena de proteínas... y no lleva estrógenos... ¡Así no te pones como una vaca!

JUAN. ¡¿Estás de coña?!

ANTONIA. ¿De coña de qué? ¿Tú vas a la compra alguna vez? ¡Con la excusa de la subida del petróleo ha subido todo: el aceite, la pasta, el arroz, el azúcar! Todo cuesta el doble. ¡Y además no hay de nada!

Hacen acopio para después poder venderlo más caro.

JUAN. ¡Hacen acopio! ¡De todas formas, yo no soy un perro! ¡Y esta porquería te la comes tú!

ANTONIA. ¡Pues claro que sí! Yo me la como. *(Se pone a ladrar).*

JUAN. ¡Mira, me voy a tomar un tazón de leche y ya está!

ANTONIA. Lo siento, pero no queda leche. Estaba caducada, la he tirado... Y leche fresca no hay...

JUAN. ¿Cómo que no hay?

ANTONIA. Ah, ¿es que no lo sabes? ¿Te acuerdas de que hace tiempo privatizaron la empresa del Ayuntamiento que distribuía la leche...? ¿Cómo se llamaba? Ah, sí... Todo de la Teta...

JUAN. ¿Y qué?

ANTONIA. Pues que ayer quebró, que se hundió en bolsa, como Parmalat, y los acreedores han secuestrado toda la producción de leche. ¡Con las vacas incluidas...!

JUAN. Venga ya, ¿las vacas también?

ANTONIA. Pues sí... Vacas suizas... ¡Lo han dicho en las noticias!

JUAN. ¡Imposible!

ANTONIA. De imposible nada... Yo he visto cómo las descargaban de los camiones...

JUAN. ¿Qué camiones?

ANTONIA. Los de los campesinos. Han puesto las vacas delante del banco responsable de la quiebra y han empezado a ordeñarlas y a regalar cubos de leche a todo el que pasaba... *(Divertida)*. Después, una vaca ha salido corriendo y se ha metido en el banco y se ha cagado en la cámara acorazada, que casualmente estaba abierta... Ha hecho un depósito: ¡la caca de oro! *(Se pone seria)*. ¿Pero tú qué esperabas? ¿Que cogiera un cubo de leche confiscada recién ordeñada? ¿Sabes que eso es un delito?

JUAN. Ya lo sé, ya lo sé.

ANTONIA. Y si yo hubiese llegado a casa con leche recién ordeñada, ¿la habrías aceptado?

JUAN. Por supuesto que no.

ANTONIA. ¿Y te la habrías bebido?

JUAN. ¡Por supuesto que no!

ANTONIA. ¡Pues no te la bebas! De todas formas, ya que te indignas tanto, que sepas que, en la manifestación de la leche, los más desquiciados eran «tus» compañeros del PC, PSD, PCI, CPC. ¿Cómo os llamáis ahora? ¡No paráis de cambiaros de nombre! ¡Ah, sí el PD! *(Gesto de desprecio con el brazo)*.

JUAN. ¿Qué dices del nombre? Hazme el favor de no decir delante de mí PD con ese tono. *(La imita)*. ¡PD! Cuando nombres a mi partido debes decir Partido Demócrata... *(Suaviza el tono)*. PD...

ANTONIA. PD... PD... ¡Partido de la Leche Fresca... moderada!

JUAN. ¡Que no! ¡Que no!

ANTONIA. ¡Venga..., que todavía tenemos agua, así que te voy a hacer una sopita riquísima!...

JUAN. ¿De qué?

ANTONIA. *(Coge el paquete de alpiste)*. De alpiste selecto para canarios.

JUAN. ¡¿Alpiste para canarios?! ¡¿Estás de coña?!

ANTONIA. ¡No, si es muy bueno!... ¡Sobre todo contra la diabetes!

JUAN. ¡Pero si yo no soy diabético!

ANTONIA. Si aún no lo eres, no es por mi culpa... Además, cuesta la mitad que el arroz.

JUAN. Escucha, te tienes que decidir: ¡o perro o canario!

ANTONIA. ¡Hala, qué exageración! Micaela, la de debajo, dice que se lo hace todos los días a su marido... ¡y que está buenísimo!

JUAN. ¿El marido de Micaela? ¡Sí, lo he visto! ¡Le están creciendo plumas! Hoy estaba en la parada del tranvía y de repente empieza a hacer así con la pata. *(Imita la forma de andar de una gallina)*. Y como el tranvía no llegaba... hace: «¡Quiquiriquíííííí!». *(Imita a un gallo)*. «¡Quiquiriquíííííí! ¡Me voy andando!». *(Simula el aleteo de un gallo de corral)*.

ANTONIA. Basta de bromitas. ¡El alpiste está buenísimo! El secreto está en el caldo... Mira, también tengo cabezas de conejo congeladas. *(Le pone bajo la nariz la caja con las cabezas de conejo)*.

JUAN. ¡¿Cabezas de conejo?!

ANTONIA. ¡Pues claro! ¡Eres un ignorante! ¡La sopa de alpiste se hace con cabezas de conejo! Lo he visto por la tele... en ese programa... ¿Cómo se llamaba...? ¡Ah, sí!: *La cocina hedionda.*

JUAN. *(Se pone el chaquetón y se dirige a la puerta de salida).* ¡Vale, vale..., ya lo he entendido...! ¡Adiós!

ANTONIA. ¿A dónde vas?

JUAN. ¿Pues a dónde voy a ir? Me bajo al bar a comer algo.

ANTONIA. ¿Y con qué dinero?

JUAN. *(Vuelve).* Es verdad, dame unos euros.

ANTONIA. ¿Qué euros?

JUAN. ¿Cómo que qué euros? No me digas que ya no te queda nada...

ANTONIA. No. Se te olvida que mañana tenemos que pagar la luz, el gas y la hipoteca... ¡¿O es que quieres que nos corten todo?!

JUAN. ¡Faltaría más! «El proletariado, en ayunas, pero iluminado». *(Antonia se pone el abrigo).* ¿A dónde vas?

ANTONIA. A casa de Margarita, que hoy ha hecho la compra grande. Le voy a pedir que me preste algo. Voy y vuelvo.

JUAN. ¡No vuelvas con más cabezas de conejo!

ANTONIA. ¡No, traeré solo las patas! *(Sale).*

JUAN. Sí, tú hazte la graciosa..., que tengo un hambre... que me comería... *(Coge una lata, le da vueltas en la mano. Lee).* «¡Una delicia para vuestros amigos perros y gatos! Homogeneizado, sabroso...». ¡A ver cómo huele! ¿Cómo se abre? Ah, es abrefácil. ¡Para perros y gatos hacen latas con abrefácil... porque ellos con sus patitas no pueden...! *(Abre la lata y la huele)*. Bueno, no huele mal... Sabe como a mermelada en vinagre con un fondo de riñones rehogados al aroma de aceite de hígado de merluza. *(Se acerca la lata a la oreja y ríe)*. ¡Pero si hasta se oye el mar! *(Se ríe disgustado)*. Los perros y los gatos son idiotas si se comen esta porquería. *(Cambia el tono)*. ¡Pues mira, me apetece probarlo! Pero con un toque de limón, por si acaso. *(Se oye una sirena de policía, gritos de hombres y mujeres, y órdenes militares)*. ¡¿Pero qué pasa?! *(Hace ademán de asomarse y le hace gestos a alguien que está en el edificio de enfrente)*. ¡Aldo! ¡Oye, Aldo! ¿Qué pasa? Sí, veo a la policía..., pero ¿qué buscan?... ¡Hala, cuántos furgones! ¡¿Qué hacen?!... ¡¿Redadas?! ¿El qué contra el supermercado? ¿Qué supermercado?... Ah, ¿aquí también? ¡¿En el del barrio?! ¿Pero eso cuándo ha sido?... ¿Hoy? ¿Y quién ha sido?... ¿Todos? ¿Cómo que todos?... ¡Hala, no exageres! ¡Mil mujeres!... No, mi mujer seguro que no estaba. ¡Ella está tan en contra de estas cosas que, en lugar de hacerlo, me obliga a comer cabezas de conejo congeladas! Solo las cabezas..., el resto lo tiramos. Están buenísimas... Las partes por la mitad, un chorrito de limón y... *(Simula que se las traga)*. ¡Ostras! ¡Te vuelves fosforescente! *(Ríe)*. No, no insistas... Mi mujer hoy ni siquiera ha salido de casa. Le ha tenido que quitar las vendas de la tripa a una amiga... Pero no quitárselas a lo bestia..., no. Le ha quitado las vendas... porque su marido, Luis, no quería tener hijos... Incluso le hacía tomar la píldora... Pero ella le ha hecho caso al papa y la píldora no le ha hecho efecto, y se ha puesto como un globo en una semana... ¡¡¡Imagínate!!! ¡¿Cómo que no lo entiendes?! *(Mira hacia abajo, a la calle. Vuelven a oírse órdenes y gritos)*. ¡Pues sí que es una redada! ¿Pero van a ir de verdad casa por casa? ¡Vale, pues, si vienen aquí, me van a oír! ¡Porque esto es una provocación! Para putearnos, seguro: «¡Los obreros son unos holgazanes, ladrones y tontos!».

(Llaman a la puerta).

POLICÍA. *(Voz en* off*)*. ¿Se puede?
JUAN. ¿Quién es?
POLICÍA. *(Voz en* off*)*. ¡Policía, abra la puerta!
JUAN. *(Abre la puerta)*. ¿Policía? ¿Qué quieren?

(Entra un AGENTE DEL ORDEN PÚBLICO).

AGENTE. Esto es un registro. Aquí traigo la orden. Vamos a registrar todo el edificio.
JUAN. ¿Pero qué es lo que buscan?

AGENTE. Mire, no disimule. Lo tiene que saber. Todos ustedes saben que han asaltado el supermercado. Miles de mujeres, y hombres también, se han llevado kilos y kilos de mercancía a mitad de precio... y muchos ni siquiera han pagado. Estamos buscando el alijo o, si lo prefiere, la mercancía adquirida a precio demasiado rebajado.

JUAN. ¿Y vienen a buscarlo a mi casa? ¡Es como si me llamasen ladrón, delincuente y vago!

AGENTE. Usted opine lo que quiera. Yo no tengo nada que ver. Yo recibo órdenes y debo ejecutarlas.

JUAN. Ejecute, ejecute... Pero le advierto que esto es una provocación o, peor, ¡una tomadura de pelo! Vienen aquí a jodernos, además de hacer que nos muramos de hambre. ¡Mire lo que tengo yo hoy para comer: homogeneizado para perros y gatos! *(Le muestra la lata al* AGENTE*)*.

AGENTE. ¡¿Cómo?!

JUAN. ¡Mire, mire..., huela esta porquería! No podemos ni siquiera permitirnos una comida normal porque todo cuesta un ojo de la cara... ¡De la cara del conejo!

AGENTE. ¿Pero me está diciendo que comen esto de verdad?

JUAN. ¡Y no está tan malo!, ¿sabe? ¿Le apetece? ¡No se corte...! ¡Un chorrito de limón y baja como si fuera estiércol, pero, eso sí, homogeneizado! ¡Pruebe! Es muy bueno para la ciática.

AGENTE. No, gracias... No me gusta vomitar antes de las comidas. *(Deja la lata sobre la mesa).*

JUAN. Comprendo... Puede que prefiera algo caliente. ¿Le hago una sopita con alpiste para canarios?

AGENTE. ¿Alpiste? ¿Me está tomando el pelo?

JUAN. De ninguna manera. Mire: solo cuesta cincuenta céntimos el kilo... Se come esto... y después gorjea: «¡Pío, pío, pío!». Y después hace esto con la pata. *(Imita al gallo).* ¡Se vuelve un auténtico policía de corral, conocido también como *poulé*!

AGENTE. *(Se sienta y se quita la gorra).* Desde luego, esto está fatal. Aunque nosotros también, con el sueldo que tenemos; mi mujer, la pobre..., y eso que yo como en el cuartel... Fíjese que la comprendo. Y... no debería decirlo, pero comprendo también a estas mujeres del barrio que han exigido que les bajaran los precios. Tienen razón... ¿Sabe que hay jubilados que a mediodía van a almorzar a los comedores de los pobres? ¡Miles de ellos! ¡Y gente que rebusca en la basura de los mercados de barrio! Mire, yo a estas mujeres las comprendo: ¡contra el robo mercantil no queda otra defensa que la expropiación!

JUAN. *(Alucinado, lo mira incrédulo).* ¿Cómo?... ¡¿Cómo?!... ¡¿Les da la razón?!

AGENTE. Pues claro... Así no podemos avanzar. Usted no se lo va a creer, pero a mí me molesta venir aquí como policía... a hacer esta redada de mierda. Y,

además, ¿para quién? Para unos cerdos especuladores que nos matan de hambre, que arrasan, que
roban... ¡Pero si los ladrones son ellos!

JUAN. *(Desconcertado)*. Perdone, cabo... ¿Lo he dicho
bien? Es usted cabo, ¿no?

AGENTE. Sí, soy cabo primero.

JUAN. ¿Cómo? ¿Es usted antisistema? ¿Es del Partido
Comunista? ¿Pero a usted le parece normal lo que
está diciendo? ¡Es usted más de izquierdas que la
mayoría!

AGENTE. Bueno, tampoco es que haga falta mucho...

JUAN. ¡Vamos...! Un policía..., ¡venga ya! ¿Usted sabe
que su discurso es extremista?

AGENTE. ¡Pero qué extremismo ni qué niño muerto...!
¡Yo veo lo que pasa! ¡Y también me enfado! Y a ver
si dejáis de vernos a los policías como si fuéramos
una panda de cretinos a los que les pegan un silbido
y «¡A sus órdenes, dispara, ladra, muerde como un
perro guardián!». Y que nadie se atreva a hablar, a
discutir... a expresar sus propias ideas... «¡Silencio!
¡A tu sitio!».

JUAN. Pero, a ver, si piensa de esta manera, perdone, pero
no entiendo por qué ha elegido entrar en la policía.

AGENTE. ¿Que yo lo he elegido? ¿Acaso usted ha elegido comer esta porquería para perros y gatos, y
las cabezas de conejo o la bazofia esa para canarios?

JUAN. ¡No! ¡Ha sido mi nutricionista! Voy a tener que
despedirlo... *(Serio)*. ¡No había nada más!

AGENTE. Exacto, pues para mí tampoco había nada más... O lo tomas o lo dejas. *Inter nos*: tengo un grado universitario, querido señor...

JUAN. ¿Un grado universitario?... ¿Y por eso dice *inter nos?*

UN POLICÍA. *(En* off*).* Cabo..., aquí hemos terminado... ¿Ahora qué hacemos? ¿Seguimos?

AGENTE. *(En voz alta hacia el exterior).* ¡Pues claro! ¡No me toquéis las narices...! ¡Seguid por la otra escalera..., que luego voy yo!

JUAN. *(Sigue al AGENTE y crea confusión gritando cosas sin sentido).* ¡Pero esto qué es...! ¡Pero, por favor..., que aquí la mujer..., y que es la escalera..., algunas cosas!... ¡En mi casa!

AGENTE. *(Retoma el diálogo con JUAN, molesto).* ¡Eh! ¡Calma! ¡Calma!

JUAN. *(Se justifica).* Intentaba echarle una mano...

AGENTE. ¡No la necesito!... Mire, *inter nos...,* le estaba diciendo que soy graduado. Mi padre se tuvo que apretar el cinturón durante años para que yo pudiera estudiar...

JUAN. *(Al público).* Y así que pudiera decir *inter nos...*

AGENTE. ¿Y al final qué opciones tenía? ¡Ninguna! ¡O emigraba o me hacía barrendero municipal, o policía! ¡Y me vi obligado..., señor! «¡Ven a la policía y conocerás mundo!». Y he conocido el mundo. ¡Vaya mundo! ¡Un mundo de desgraciados, de espabilados y de gente bien jodida!

JUAN. *(Perplejo)*. Ya, pero no todos piensan como usted. Hay muchos que están a gusto en la policía.

AGENTE. ¡Sí, los que se fascinan con la retórica, con el sentido del honor y del sacrificio! Que cuando un asesino paranoico mata a uno de los nuestros como si fuese un perro, se conforman con la felicitación del ministro... y la medalla a la viuda.

JUAN. ¡Pero esto es increíble! Perdone, ¿es usted un verdadero policía? ¡Si me está tomando el pelo, me gustaría saberlo! ¡Si hasta he tenido que salir en defensa de la policía..., que como se enteren de esto en la fábrica se cachondearán de mí! ¡No puedes pretender ir a hacer la compra y pagar lo que te apetezca! ¡Hay que cumplir con la ley!

AGENTE. ¿Qué ley? ¿La que ha consentido el robo de millones al equiparar la lira al euro?

JUAN. Pero para remediar las injusticias hay muchas formas de lucha más democráticas... Está el Parlamento, los partidos... Y las leyes se pueden reformar...

AGENTE. ¿Pero de qué reforma habla? Aparte de algún que otro ajuste que no sirve para nada, las únicas reformas que hacen son las que apuntalan los tejemanejes del gobierno en la sombra... Las reformas para sacar de la cárcel en masa a todo tipo de delincuentes, o las que sirven para sostener las tramas de corrupción, o a los especialistas en engaños y estafas. Las reformas entre diputados y senadores para subirse el sueldo, aun estando condenados por estafa y corrupción...

JUAN. A eso añádale la contratación, a cargo del Estado, de los parientes de los políticos: hijos, esposas y primos de hasta tercer grado. Eso lo ha publicado incluso el periódico comunista *L'Unità*.

AGENTE. ¡Primero nos roban y luego, para castigarse, se autofinancian y se sacan nuevas leyes de la manga! ¡Y en esto participa hasta el Partido Democrático! *(Hace con el brazo el mismo gesto que hizo ANTONIA antes).*

JUAN. ¡No, no, el PD así...!

AGENTE. ¿Dígame? ¿Están preparados para escalar posiciones? ¿Cómo que los bancos ya se han reunido con la Unipol? ¡Qué maravilla! ¡Hasta luego! ¡Nos vemos en el barco!

JUAN. *(Resentido).* ¡Ya lo sé! A mí tampoco me ha gustado ese juego tan rastrero.

AGENTE. Lo que está claro es que las reformas serias solo se consiguen si estamos todos implicados, sin delegar en nadie. Ahora perdóneme, pero tengo que hacer mi trabajo. *(Vuelve a ponerse la gorra y se dirige hacia la salida).*

JUAN. *(Ríe, sarcástico).* Esto sí que me lo esperaba. Primero va de radical antisistema y, después, se pone la gorra y vuelve a ser un policía.

AGENTE. Tiene razón. No paro de hablar... Me desahogo y ya está. Es evidente que me faltan valor y conciencia. Por ahora, solo valgo para dar la chapa.

JUAN. ¡Pues qué bonito! Solo para dar la chapa... El pobre universitario que se mete a policía porque no tiene dónde elegir..., con su padre, con el cinturón apretado, al que se le ha quedado una cinturita... ¿Qué se creía, que me iba a hacer llorar? «¡Yo no puedo emigrar..., que tengo un grado universitario!». Pues debería haber emigrado, o meterse a barrendero antes que... ¿Comprende? ¡Es una cuestión de dignidad! ¡Y su discurso es típico de los que siempre tienen una excusa preparada para no arriesgar nada! ¡La antipolítica! Y seguro que mañana me encuentro con usted... delante de mi fábrica mientras preparamos los piquetes... Usted llega y «Perdone... Intente comprender... Yo soy de izquierdas..., mucho más que usted... Intente comprender..., *inter nos*...». ¡Pum! *(Finge que le da un puñetazo)*. «¡Universitario!». *(Cambia el tono)*. ¡Usted es un privilegiado!

AGENTE. *(Con ímpetu)*. ¡De privilegiado nada! ¡Tenemos un sueldo bajísimo, no nos pagan las horas extra, si vamos a la huelga nos meten en la cárcel, y muy a menudo acabamos en el cementerio con un agujero en la cabeza sin saber ni cómo ni por qué! ¡Privilegiados! *(Cambia el tono)*. ¡Como sigamos así, puede que un día se entere de que algunos policías se han negado a dar hostias para apoyar a los empresarios... o incluso que se han pasado al otro bando!

JUAN. *(Irónicamente).* ¡Eso me gustaría verlo! ¡Empezando por la sentencia contra los cuerpos especiales, por cómo cargaron en la escuela Diaz de Génova! Una sentencia que no veremos nunca...

AGENTE. En eso le doy la razón.

JUAN. Todo ha prescrito... ¡Todos se libran!

AGENTE. ¡Pues sepa que el mundo está cambiando! Y si cambia... *(Hace ademán de salir).* ¡Adiós y buen provecho!

JUAN. *(Le bloquea el paso).* ¿Así que ahora se larga sin más, sin haber hecho ningún registro? ¡Pues que sepa que eso me ofende! Eche un ojo por lo menos para quedar bien... No sé..., en el armario, debajo de la cama... *(Levanta la colcha; solo el público ve el botín que hay debajo escondido).*

AGENTE. ¿Y para qué? ¿Para encontrar alguna bolsa de comida para cerdos y una lata de mezcla para truchas de piscifactoría? Gracias, pero no me apetece. ¡Adiós y que le aproveche! *(Sale).*

JUAN. ¡Pues qué bien! ¡En este mundo te encuentras con cada elemento! ¡Hasta un policía antisistema, subversivo y rojo! ¡Así que los hijos del pueblo! Ah, pero yo me he dado cuenta de todo... Este es un provocador. Este listillo ha venido a ver si conseguía tirarme de la lengua: «¡Hay que asaltar los supermercados..., la revolución de la policía!», y yo, como un imbécil, casi caigo y le doy la razón... Y él «¡Alto ahí..., terrorista! ¡Estás arrestado!». *(Ríe divertido; grita en dirección a la puerta).* ¡Has encontrado a uno que ha picado el anzuelo! *(Coge el paquete de alpiste).* ¡Pues aquí el pescado solo come alpiste!

(Entra ANTONIA *agitada).*

ANTONIA. ¿Han estado aquí también?

JUAN. ¿Quién?

ANTONIA. ¿Pero no te enteras de nada? ¡Están haciendo registros casa por casa!

JUAN. Sí, lo sé.

ANTONIA. ¡Han arrestado a los del primero y a los del bajo...! ¡Les han encontrado cosas robadas del súper y, cuando han visto que no tenían trabajo, han decidido que eran gitanos y los han mandado a Rumanía!

JUAN. ¡Pues han hecho muy bien! ¡Así aprenden a no pasarse de listos!

ANTONIA. Sí, pero a otros les han quitado cosas que sí habían comprado.

JUAN. ¡Claro, siempre pasa lo mismo: unos desgraciados meten la mano en la caja y, al final, pagamos justos por pecadores! Aunque, por ejemplo, aquí han venido y...

ANTONIA. *(Asustadísima).* ¿Han estado aquí?

JUAN. Claro.

ANTONIA. ¿Y qué han encontrado?

JUAN. *(Perplejo)*. ¿Por qué? ¿Qué iban a encontrar?

ANTONIA. *(Intenta recuperarse, cambia el tono)*. Nada. No, quiero decir... Nunca se sabe... Podemos estar convencidos de no tener nada en casa y puede que... Puede que...

JUAN. ¿Puede que qué...?

ANTONIA. ¡Que te la coloquen ellos, los policías, las cosas... para pillarte! No sería la primera vez... Al hijo de Rosa, sin ir más lejos, le hicieron un registro y, cuando nadie miraba, ¡zasca!, le colocaron una pistola debajo de la almohada y un paquete de octavillas terroristas debajo de la cama.

JUAN. ¡¿Pero qué dices?! ¡¿De verdad crees que va a venir alguien a meternos paquetes de pasta y azúcar debajo de la cama?!

ANTONIA. No, justo debajo de la cama no... Es una forma de hablar...

JUAN. Tienes razón... Verás tú que ese hijo de puta mientras estábamos hablando me ha puesto... Déjame mirar... *(Con decisión avanza hacia la cama)*.

ANTONIA. *(Lo agarra por detrás con violencia)*. ¡No!

JUAN. ¿Pero qué haces? ¿Estás loca? ¡Me has partido una vértebra!

ANTONIA. ¡Te prohíbo que toques mi colcha! Acabo de lavarla... Ya miro yo debajo de la cama... Tú mejor dile a Margarita que entre.

JUAN. ¿Margarita? ¿Dónde está?

ANTONIA. Pues ahí, detrás de la puerta.

JUAN. *(Mientras va hacia la puerta).* ¿Pero estás loca? ¿Cómo puedes dejar a una pobre mujer embarazada fuera?

ANTONIA. *(Finge que mira bajo la cama).* No, no hay nada.

JUAN. *(Ve a MARGARITA en el descansillo).* Pero, por dios, Margarita, ¿qué haces ahí? ¡Venga, mujer, entra, entra!

(Entra MARGARITA hipando).

JUAN. *(Continúa).* ¿Qué te pasa? ¿Por qué lloras?

ANTONIA. *(Va hacia MARGARITA y la sienta sobre la cama).* Ven, Margarita... *(Al marido).* La pobre estaba sola en casa... y, cuando han entrado todos esos policías, ¡se ha pegado un susto! Fíjate que uno incluso quería tocarle la tripa.

JUAN. ¡Menudo desgraciado! ¿Por qué?

ANTONIA. ¡Porque se le había metido en la cabeza que en lugar del niño llevaba paquetes de pasta y de más cosas!

JUAN. ¡Pero qué hijo de puta!

ANTONIA. Pues sí, ya ves... Y por eso le he dicho que se viniera a casa. ¿He hecho bien?

JUAN. ¡Pues claro que sí! ¡Has hecho perfectamente! *(Se acerca a MARGARITA para ayudarla a quitarse el abrigo).* No te preocupes, Margarita, quítate el abrigo...

MARGARITA. *(Asustada)*. ¡No!

JUAN. Ponte cómoda.

MARGARITA. *(Cada vez más asustada)*. ¡No!

ANTONIA. *(Corre a parar a JUAN)*. ¡No!

JUAN. *(Le pega un grito, furioso, a ANTONIA)*. Como me vuelvas a dar un golpe en la espalda, me encierro en el armario con el dosier completo del desastre mundial de los bancos... ¡Ese en el que los bancos italianos se salvan! ¡Tenemos una economía potente! ¡El Gobierno es como Robin Hood!

ANTONIA. ¡Si quiere dejarse el abrigo puesto, se lo deja puesto! Será que tiene frío.

JUAN. ¡Pero si aquí hace calor!

ANTONIA. ¡Hará calor para ti, pero mujer preñada, siempre destemplada! ¡Tiene que generar energía para dos! ¡Y puede que tenga hasta fiebre!

JUAN. ¿Fiebre? ¿Se encuentra mal?

ANTONIA. ¡Pues claro, si está con contracciones!

JUAN. ¡¿Yaaa?!

ANTONIA. ¿Cómo que ya? ¿Y tú de esto qué sabes? ¡Hace media hora no sabías ni que estaba embarazada y ahora te sorprende que tenga contracciones!

JUAN. Bueno, me parece que... a ver... ¡Me parecen un poco prematuras!

ANTONIA. ¡Y dale! ¿Pero cómo puedes tú saber si son prematuras o no lo son? ¿Pretendes saber tú más que ella, que las tiene?

Juan. Pero si está teniendo contracciones, lo mejor sería llamar al médico, o incluso a una ambulancia.

Antonia. *(Va al armario y saca dos cojines que coloca sobre la cama para que Margarita pueda tumbarse).* Sí, claro, tú lo solucionas rápido; llamas a una ambulancia y así se recorre todos los hospitales de la ciudad... de arriba abajo... ¡Porque a ver si te crees que vamos a encontrar una cama! ¡Seguro que así le nace bien el niño! ¿Pero es que no sabes que, con el lío que hay en los hospitales, para parir por la seguridad social tienes que haber pedido cita por lo menos un mes antes?

Juan. ¿Y por qué no lo ha hecho?

Antonia. *(Desesperada).* ¡Aaaaaaggggghhh! ¡Por qué y por qué! ¡Por qué a nosotras nos toca hacerlo todo? ¡Nos toca correr, hacer los hijos y también pedir cita! ¿Por qué no lo ha hecho su marido?

Juan. ¡Pero si su marido no lo sabía! ¿Cómo se lo va a imaginar? «¡Hoy hago yo la reserva! ¡Hoy me apetece reservar! ¡Una cama..., dos..., o tres...! ¡Nunca se sabe!».

Antonia. Qué excusa más buena: «No lo sabía..., no se lo podía imaginar...». Vosotros siempre igual: ¡comodones! Nos dais el sobre con la paga y después «Ocúpate tú, arréglatelas como puedas». Hacéis el amor, porque tenéis derecho al sagrado desahogo, y después: «¡Ocúpate tú, toma la píldora!». Y a quién le importa si después a una pobre chica, ferviente católica, se le aparece el papa en sueños y le dice: *(con acento alemán)* «¡Has pecado, debes procrear!».

JUAN. *(La interrumpe)*. ¡¡Basta!!

ANTONIA. *(Retoma)*. ¡Ella procrea... y ahora está atrapada!

JUAN. Aparte del papa, que sale por las noches a hacer activismo de Comunión y Liberación en alemán... ¿De cuántos meses está Margarita?

ANTONIA. ¿Y eso a ti qué te importa?

JUAN. No, si yo lo decía porque como no llevan ni cinco meses casados...

ANTONIA. Y claro, no podrían haber hecho el amor antes de casarse... ¿No serás tú un moralista de mierda, peor que el papa?

JUAN. Por poder habrían podido..., ¡pero es que no lo hicieron! ¡Luis me ha contado que no hicieron el amor hasta que estuvieron casados!

MARGARITA. ¡¿Mi Luis te ha contado todo eso?!

JUAN. *(Cortado)*. Estábamos viendo la tele, esperábamos que empezase un partido internacional... Así, por hablar de algo...

ANTONIA. ¡Pero qué locura! ¿Lo has oído, Margarita? ¿Eh...? Luis esperaba que empezase el partido internacional...

JUAN. ¡Oye, que era un Italia-Francia!

ANTONIA. ¡Pero venga ya! ¡Esto es para llevarlo al Tribunal de la Rota! ¡Anulación! ¡El matrimonio se cancela automáticamente!

JUAN. ¡No exageres..., que ganamos en los penaltis...!

ANTONIA. ¿Pero cómo que no exagere? Nadie va por
ahí contando intimidades..., y menos sobre algo
tan personal, al *primero* que pasa!

JUAN. *(Resentido)*. ¡Yo no soy el *primero* que pasa! ¡Yo
soy su amigo! ¡Su mejor amigo! ¡A mí me lo cuenta
todo! ¡Me aprecia, me pide consejo... porque soy
mayor y tengo más experiencia!

ANTONIA. *(Le mira con ironía)*. ¡¡¡Sí, sí, claro, él tiene
más experiencia!!! ¡Cierra el pico! ¡Idiota! *(JUAN va
a reaccionar cuando llaman de nuevo a la puerta)*.
¿Quién es?

SARGENTO. *(Voz en off)*. ¡Policía, abran!

JUAN. ¿Otra vez?

MARGARITA. ¡Ay, por dios!

> *(JUAN va a abrir la puerta. Reaparece el mismo
> actor que hemos visto hacer de AGENTE. Ahora va
> vestido de SARGENTO y lleva bigote. Con él entra
> otro policía)*.

JUAN. Ah, buenas tardes... ¿Es usted otra vez?

SARGENTO. ¿Cómo que otra vez?

JUAN. Uy, perdone. Le he confundido con el de antes.

SARGENTO. ¿A quién se refiere con «el de antes»?

JUAN. Un agente de la Policía Nacional.

SARGENTO. Pues yo soy un sargento de la municipal.

JUAN. Ya lo veo, y además usted tiene bigote, así que
no puede ser el mismo. ¿Qué desea?

SARGENTO. Venimos a efectuar un registro.

JUAN. Ya lo han hecho sus colegas de la Policía Nacional.

SARGENTO. ¡No tiene ninguna importancia! Vamos a hacerlo nosotros también.

JUAN. No os fiais... Hacéis bien en no fiaros de la nacional... ¿Habéis vuelto para comprobar si la han cagado? Después, puede que venga la Policía judicial a controlaros a vosotros, y también el Ejército, la Marina... *(Hace como que rema)*.

SARGENTO. *(Muy seco)*. Mire, no se haga el gracioso. Apártese y deje que hagamos nuestro trabajo.

ANTONIA. *(Salta como una fiera)*. ¡Pues claro que cada uno debe hacer su trabajo! Yo he estado ocho horas de cola en la oficina del paro porque me han despedido...

MARGARITA. *(Quiere participar)*. ¡Y yo al teléfono en el *call center*!

ANTONIA. *(A JUAN)*. Tú te tiras ocho horas en la cadena de montaje como un animal, ¡y ellos se dedican a controlar que nos portemos bien: que les paguemos la compra a los empresarios al precio que quieran poner! *(El AGENTE abre el armario y el aparador)*. ¿Alguna vez os toca supervisar, por casualidad, si los empresarios respetan los contratos, si nos hacen trabajar a destajo, si nos mandan al paro o si se cumplen las normas de prevención de riesgos laborales...? ¿Eh? *(JUAN, durante esta parrafada de su mujer, intenta calmarla)*.

MARGARITA. ¡O si suben los precios, o si nos desahucian, o si nos matan de hambre!

ANTONIA. *(Aleja a MARGARITA del SARGENTO).* Tranquilízate... ¡El niño...!

MARGARITA. *(A ANTONIA).* ¿Está bien dicho...?

JUAN. ¡No, no lo digas así... porque ellos lo hacen a disgusto! Sargento, ¿a que a ustedes no les gusta tener que hacer registros para los empresarios? Dígaselo usted a estas dos señoras, que los de la Policía estáis hartos de actuar a toque de silbato: «¡A sus órdenes! ¡Ataca, ladra, muerde!», como si fuerais perros guardianes... Y cuidadito con discutir una orden: «¡Tú, quieto ahí, a tu sitio!». *(Imita el aullido de un perro atado).*

SARGENTO. Perdón, ¿podría repetirlo?

JUAN. *(Aúlla de nuevo).*

SARGENTO. ¡No, eso no! ¿Qué ha dicho de los perros guardianes?

JUAN. Sí, decía que vosotros no sois hijos del pueblo, como decía Gramsci... Vosotros estáis al servicio del poder... ¡Esbirros del patrón!

SARGENTO. *(Se vuelve hacia su colega, que actúa inmediatamente).* ¡Ponle las esposas!

JUAN. ¿Las esposas? ¿Por qué, perdone?

SARGENTO. Por insultar y ofender a un oficial del orden público.

JUAN. ¡No son insultos! ¡Ni siquiera es mío lo que le he dicho! ¡Esto lo ha dicho hace nada un agente de la Policía Nacional!... ¡Ha sido él quien ha dicho que os sentís como los esbirros del poder, siervos del patrón!

SARGENTO. ¿Nosotros quiénes? ¿Los municipales?

JUAN. No, él decía «vosotros»..., pero se refería a ellos... ellos... los nacionales.

SARGENTO. Ah, bueno. Pues, si los de la nacional se sienten siervos, eso ya es otra cosa. Quitadle las esposas. *(A JUAN).* ¡Pero tenga mucho cuidado con lo que dice!

JUAN. Sí, sí, tengo cuidado... *(En un aparte).* ¡Vaya, pues sí que están separados estos cuerpos del orden público!

(El segundo municipal sigue con el registro. Se acerca al depósito de agua que está escondido cerca del gas).

ANTONIA. *(A MARGARITA en voz baja).* Quéjate, corre, llora.

MARGARITA. ¡Ayayayaaay!

ANTONIA. ¡Más fuerte!

MARGARITA. *(Se queja de forma desgarradora).* ¡Ayyyyyyyayyyyayay! ¡Ayayaaaay!

SARGENTO. ¿Pero qué le pasa?

ANTONIA. ¡Está muy mal, fatal...! ¡La pobre... tiene contracciones!

JUAN. Parto prematuro y no está ni de cinco meses.

ANTONIA. ¡Le ha empezado hace poco..., cuando los policías han intentado palparle la tripa, pobrecilla!

SARGENTO. ¡¿Palparle la tripa?!

JUAN. Sí, para ver si en lugar del niño llevaba paquetes de pasta o de arroz. ¡Venga, adelante, tocad para creer! ¡Total, si ella no es más que una pobre trabajadora temporal y a vosotros no os va a pasar nada!... ¡Si aquí todo vale! ¡No es la mujer de nadie importante, ni siquiera de uno de la patronal! ¡Que, por cierto, muchos de ellos deberían estar en la cárcel...! ¡Ah! ¡Y como se os ocurra ponerle la mano encima a cualquiera de sus mujeres, os ponen de patitas en la calle... y os cortan las manos! ¡Pero aquí no pasa nada, si no es más que una empleada! ¡Venga, poneos cómodos, seguid con vuestros toqueteos! ¡Un poquito cada uno, que eso no le hace daño a nadie!

MARGARITA. ¡No! ¡Que mi Luis no quiere!

SARGENTO. ¡Mire, cállese! ¡Esto es una provocación!

ANTONIA. ¡Es verdad! ¡Juan, no te pases! ¡Cállate ya!

MARGARITA. *(Exagerada)*. ¡Ayayayayayaaay! ¡Auuuuuuuuuu!

ANTONIA. *(En voz baja)*. ¡Oye, tú no seas tan exagerada!

SARGENTO. ¿Pero habéis llamado a una ambulancia?

ANTONIA. ¿Una ambulancia? ¿Para qué?

SARGENTO. A esta pobre mujer no podemos dejarla aquí, pues se podría morir. Además de que, si va a ser prematuro, como habéis dicho, se arriesga a perder al hijo.

JUAN. ¡Tiene razón! ¿No te había dicho yo que el sargento era humano? Yo también dije que había que llamar a una ambulancia.

ANTONIA. Y yo ya te he dicho que sin reserva no te aceptan en ningún hospital. ¡Te hacen dar vueltas por todos los hospitales de la ciudad y acaba una por morirse en el coche!

MARGARITA. ¡No! ¡En el coche no!

(Del exterior llega el sonido de una sirena).

SARGENTO. *(Se asoma a la ventana).* Bien, está llegando una ambulancia que hemos llamado para otra mujer que se sentía mal en el piso de abajo. A ver, ayúdenme y la bajamos a ella.

ANTONIA. *(Oponiéndose).* No, por amor de dios... No se moleste.

MARGARITA. *(Llora muerta de miedo).* ¡No, no quiero ir al hospital!

ANTONIA. ¿Lo ve? Ella no quiere ir.

MARGARITA. Quiero que venga mi marido... ¡Ayyyy! ¡Auuuu!

ANTONIA. ¿La oye? Quiere que venga su marido..., que no puede estar aquí porque tiene turno de noche. Lo siento, pero sin el consentimiento de su marido, nosotros no podemos asumir esa responsabilidad.

JUAN. Por supuesto que no. No podemos asumirla.

SARGENTO. Ah, ¿así que no la asumís? ¿Pero sí asumís la responsabilidad de dejar que se muera aquí?

ANTONIA. ¿Pero por qué hay que ir al hospital?

SARGENTO. ¡Porque en el hospital la pueden salvar y al niño también!

JUAN. ¡Pero si ya le he dicho que es prematuro!

MARGARITA. ¡Sí, sí, soy prematura!... ¡Ayyyyy! ¡Auuuu!

ANTONIA. ¡Es prematura! ¡Y esta, con los tumbos de la ambulancia, se me pone de parto! Y además, ¿cómo va a sobrevivir un niño que ni llega a cinco meses?

SARGENTO. Evidentemente, usted no tiene ni idea de los avances que ha habido en medicina. ¿No ha leído nada sobre el parto *in vitro*?

ANTONIA. Sí, lo he leído, pero ¿qué tiene que ver el *vitro*? Si nace de cinco meses, no cabe en el *vitro*... y tampoco puede ir a la incubadora.

SARGENTO. ¿Pero en qué mundo viven? ¿No han ido nunca al centro ginecológico de aquí, de Milán, a ver los aparatos que tienen? Yo he estado allí de servicio, hace cinco meses, y he visto cómo han llegado incluso a hacer un trasplante.

JUAN Y ANTONIA. ¿Un trasplante de qué?

SARGENTO. ¡Un trasplante de un prematuro! Han sacado a un niño de cuatro meses y medio del vientre de una mujer que no podía seguir embarazada y lo han colocado en el vientre de otra mujer.

JUAN. ¿En el vientre?

Sargento. ¡Sí, le hicieron una cesárea y se lo implantaron, con su placenta y todo!... La cosieron y, cuatro meses después..., de hecho, el mes pasado, ha renacido precioso, ¡más sano que un pescado!

Juan. *(Incrédulo).* ¿Que un pescado?

Sargento. ¡Sí!

Juan. ¡Para mí que tiene truco! Será un niño de cartón... Como con la basura, ¡reciclado!

Antonia. Pero qué truco ni qué truco, si yo te lo había contado. Claro que es difícil de creer: un niño que nace dos veces... ¡un niño con dos madres!

Margarita. ¡Que no quiero, que no quiero, que no doy mi consentimiento!

Antonia. Ya lo ha oído... Si ella no da su consentimiento..., no podemos llevarla a ninguna parte.

Sargento. ¡Pues, venga, el consentimiento lo doy yo: asumo la responsabilidad! ¡No quiero que me acusen de omisión de socorro!

Antonia. Pero, a ver, sargento, ¡usted es un déspota! Entran en mi casa, nos registran de arriba abajo, nos esposan... ¡y ahora también quieren montarnos en la ambulancia! ¡Ya que no nos dejan vivir, por lo menos dejen que nos muramos donde nos apetezca y en paz!

Sargento. ¡No, vosotros no podéis moriros donde queráis y en paz!

Juan. ¡Claro, nosotros debemos morirnos como manda la ley! *(Se dirige al armario).*

SARGENTO. ¡Y usted tenga mucho cuidado con tocarme las narices! Se lo he advertido antes... ¿A dónde va?

JUAN. *(Abre la puerta del armario, entra y se asoma un poco)*. Estoy en mi oficina... Pida una cita...

ANTONIA. *(Desesperada)*. ¡Sal! ¡Basta ya! Hoy no es el día. Venga, vamos a bajarla.

SARGENTO. ¿Hago que suban la camilla?

ANTONIA. No, no. Baja ella sola... *(A MARGARITA)*. ¿A que puedes andar?

MARGARITA. Sí, sí... *(Se levanta. Y rápidamente se lleva las manos al vientre para sujetar la compra)*. ¡Oh, no, no...! ¡Se me resbala...!

ANTONIA. ¡Mierda! ¿Podrían salir un momento...?

SARGENTO. ¿Por qué?

ANTONIA. ¡Cosas de mujeres! Por favor... *(Salen todos los hombres. A MARGARITA, muy enfadada)*. ¡Idiota! *(La imita)*. ¡Se me resbala...! *(Cambia el tono)*. ¡Este sargento nos mata!

MARGARITA. Si se me resbala, se me resbala, ¿no?

ANTONIA. ¡Cállate la boca! ¿A ti te parece normal andar así? ¿No te has fijado en cómo andan las embarazadas? ¿Andan así? *(Imita a MARGARITA de forma grotesca)*. Con el porte de una madre... ¿Te imaginas a la Virgen? *(Simula un avance majestuoso)*.

MARGARITA. ¡Ya sabía yo que esto iba a acabar así! ¿Y qué va a pasar en el hospital cuando se den cuenta de que estoy embarazada de cajas de pasta, arroz y latas?

ANTONIA. No pasará nada, porque al hospital no vamos a llegar.

MARGARITA. ¡Claro, porque nos habrán arrestado antes!

ANTONIA. ¡Para de quejarte! En cuanto subamos a la ambulancia, les contamos la verdad a los camilleros... Y, como son trabajadores, como nosotros..., seguro que nos ayudan.

MARGARITA. ¿Y si, en vez de ayudarnos, nos denuncian?

ANTONIA. ¡Basta ya, no van a denunciarnos! ¡Y súbete la tripa! *(La ayuda)*.

MARGARITA. ¡Se me resbala un paquete, que se me sale!

ANTONIA. ¡Sujétalo! ¡Qué pesada!

MARGARITA. No, no aprietes... ¡Vaya, se me ha roto una bolsa de aceitunas en salmuera! ¡Aaahhh! ¡¡¡Por dios!!!

(Entran, al oír los gritos, JUAN, el SARGENTO y el AGENTE).

JUAN. ¿Qué pasa?

MARGARITA. ¡Se me sale, que se me sale todo!

SARGENTO. ¡Que se le sale el hijo, que se le sale el hijo! ¡Rápido, agente, ayúdeme a cogerla en brazos!

(Lo hacen).

SARGENTO. *(Metiendo una mano por debajo de la espalda de MARGARITA)*. ¿Pero por qué está mojada?

ANTONIA. *(Con seguridad)*. ¡Ha roto aguas!

JUAN. ¡¿Las aguas?! ¡Uf! Menuda agua... *(Levanta los pies, simulando estar pringoso)*. ¡Rápido o va a parir aquí!

MARGARITA. ¡Que se me sale, que se me sale!

(Los dos policías la sacan fuera).

JUAN. *(Se dirige a ellos y coge el chaquetón)*. ¡Esperadme, que yo también voy!

ANTONIA. ¿A dónde vas?

JUAN. A ver nacer al prematuro...

ANTONIA. ¡De eso nada! ¡Tú te quedas en casa! Estas son cosas de mujeres. ¡La que se va soy yo! *(Se pone el abrigo y se dirige a la salida)*. De hecho, limpia el suelo con esto, que está empapado. *(Le tira un trapo y sale)*.

JUAN. ¡Claro que sí!... ¡Limpio con el trapo..., que esto sí es cosa de hombres! *(Coge un cubo)*. Pues vaya lío. A ver qué cara se le queda a Luis cuando vuelva a casa al acabar el turno y se entere de golpe de que es padre. ¡Le va a dar un patatús! ¡Y cuando se entere de que al hijo lo han trasplantado a la tripa de otra mujer le da otro patatús y se cae redondo! Será mejor que hable primero yo con él. Tengo que prepararlo poco a poco..., con tiempo. Sí... Empezaré por hablarle del papa... *(Imita la voz del papa)*. «¡Hermanos en

Cristo...! Soy un humilde trabajador de la viña del Señor... Vosotros sois mis racimos de uvas». *(Escurre el trapo en el cubo. Se tira al suelo para limpiar con el trapo).* ¡Pero qué cantidad de agua! Y qué olor más raro... Es como si fuera vinagre... *(Huele el trapo).* ¡Esto es salmuera! *(Aturdido).* ¡Salmuera! ¡Esto yo no lo sabía! ¿Así que antes de nacer estamos nueve meses en salmuera? *(Sigue secando el suelo).* Anda, mira... ¿Pero esto qué es? ¿Una aceituna? ¿Estamos en salmuera con aceitunas? ¡Esto no me lo esperaba! ¡No, no! ¿Soy tonto? ¡La aceituna no tiene nada que ver! ¡Anda, mira, otra! ¿Dos aceitunas? Si no fuera porque no sé de dónde salen, me las comería..., ¡que tengo un hambre! *(Deja las aceitunas sobre la mesa).* Mejor me voy a hacer una sopita con alpiste. Puede que hasta esté buena. Ya he puesto el agua, le echo un poco de concentrado de caldo de pollo, una cebolla... *(Abre la nevera).* No hay concentrado, ni cebolla... ¡Tendré que echar las cabezas de conejo! Madre mía, me estoy convirtiendo en la bruja de *Blancanieves* cuando preparaba el veneno... Después, verás que en cuanto me coma la sopita..., ¡zas!, me transformaré en un sapo... ¡Croac, croac, croac! *(Sin darse cuenta, agarra el soldador).* Pero cuántas veces tengo que decirle a Antonia que esto es un soldador autógeno, que no tiene que usarlo para encender el gas. *(Enciende el gas y lo devuelve a su sitio).* ¡Que es peligroso! ¡Cualquier día saltamos por los aires!

(Se asoma a la puerta Luis, *el marido de* Margarita*)*.

Luis. ¿Se puede? ¿Hay alguien ahí?

Juan. ¡Vaya, Luis! ¿Pero qué haces aquí a estas horas? ¿No
llegabas mañana por la mañana? *(Sigue con los fogones)*.

Luis. Es que ha pasado una cosa que... Luego te lo
cuento... Por cierto, ¿sabes algo de mi mujer? He
estado en casa; estaba la puerta abierta sin nadie
dentro. He llamado a su trabajo y me han dicho
que esta mañana no ha ido...

Juan. *(Cortado)*. Ah, sí. Tu mujer ha estado aquí hace
diez minutos y se ha ido con Antonia.

Luis. ¿A dónde se han ido? ¿A qué?

Juan. Bueno, ya sabes..., cosas de mujeres.

Luis. ¿Pero qué cosas de mujeres?

Juan. ¡Pues las que a nosotros no nos interesan! ¡A
nosotros solo nos interesan las cosas de hombres!

Luis. ¿Pero por qué no me va a interesar? ¡Pues claro
que me interesa!

Juan. Ah, ¿así que te interesa? ¿Y entonces por qué no
te has molestado en reservar una cama hace un mes
como manda la ley?

Luis. ¿Una cama? ¿Para qué?

Juan. Ah, claro. Esas son cosas de mujeres, ¿eh? ¡El
mismo rollo de siempre! Nosotros les soltamos la
paga y les decimos: «¡Apáñatelas!». Hacemos el
amor porque necesitamos el desahogo sexual... y

les decimos: «¡Toma la píldora!». Las embarazamos y «apáñatelas». El niño se lo comen ellas, lo llevan al colegio y lo recogen...

Luis. ¿Pero qué dices?

Juan. Lo que digo es que ellas tienen razón: ¡que nos escaqueamos de todo! ¡Y que nos hemos convertido en explotadores!... ¡Que tenemos la misma mentalidad que los patrones!

Luis. ¡Pero podrías decirme qué tiene esto que ver con el hecho de que Margarita no haya ido a la oficina, se haya dejado la casa abierta, no me haya dejado ni una nota y esté desaparecida...!

Juan. ¿Pero por qué iba a dejarte una nota? ¿Tú no tenías turno de noche en la fábrica? Por cierto, ¿qué haces aquí?

Luis. Han bloqueado el tren.

Juan. ¿Quiénes?

Luis. ¡Nosotros, los obreros! Y no es para menos: ¡quieren subir el precio del abono un treinta por ciento! ¡Con esos vagones que están llenos de garrapatas y de pulgas!

Juan. ¡¿Y habéis bloqueado el tren?!

Luis. ¡Pues claro! ¡Hemos tirado de la palanca de alarma y después nos hemos tumbado en las vías! Hemos bloqueado toda la línea. ¡Incluso el tren de alta velocidad que va hasta París! ¡Tenías que haberlo visto! ¡Estaban todos muy enfadados, los ejecutivos, los representantes y los de la empresa!

JUAN. ¡Ja, ja..., qué divertido! ¡Qué buena idea! *(Serio)*. ¡Eso es una soberana gilipollez, joder! ¡Les hacéis el juego a los empresarios y a los reaccionarios! ¡Con la tensión que hay, no teníais nada mejor que hacer que tumbaros en las vías!

LUIS. ¡Claro que sí, claro que sí! ¡Yo también creo que es una gilipollez! Si hasta se lo he dicho a los compañeros: «No sirve de nada que montemos este pollo por el precio del abono...».

JUAN. ¡Bien dicho!

LUIS. ¡Porque no deberíamos tener que pagar el abono!

JUAN. ¿Pero te has vuelto loco? ¡¿Ahora no quieres pagar el abono?!

LUIS. ¡Pues claro que no! ¡Tendría que ser la empresa la que nos pagase el viaje! Y debería pagarnos también el tiempo que pasamos en el tren, porque esas horas no las perdemos por gusto..., sino por el patrón. Y por él nos levantamos dos horas antes y volvemos a casa dos horas más tarde. ¡Siempre por él!

JUAN. ¿Pero lo dices en serio? ¿Quién te ha metido esas ideas en la cabeza? Los antisistema, seguro..., ¡que se han infiltrado y son unos provocadores! ¡A esos seguro que les pagan!

LUIS. ¡Pero no digas soplapolleces: provocadores...! ¿Ahora resulta que Antoñito es un infiltrado?

JUAN. ¿Qué Antoñito, el de las rotativas?

LUIS. Sí...

JUAN. Qué tendrá que ver... Me has puesto un ejemplo que no vale...

LUIS. ¿Y Marcos?

JUAN. No, Marcos tampoco...

LUIS. ¿Y mis tres paisanos?

JUAN. ¡Los talibanes! ¿Ah, te has dejado liar? ¡Perfecto!

LUIS. No, me he involucrado yo solito, por mi cuenta. ¡Porque no es tan difícil entender que no podemos seguir así, que hay que movilizarse! Que no puedes confiar en la buena voluntad del Gobierno, ni en la intervención de los sindicatos, ni en la ayuda del partido. Estos empresarios hijos de puta, cuando les conviene, nos dicen: «¡Dejad de trabajar la tierra! ¡Venid todos al norte: liberaos!». Después: «Hay crisis por la subida del petróleo...». Después baja otra vez el precio a la mitad, pero la gasolina cuesta lo mismo. *(Cambia el tono)*. ¡Ya basta, Juan, basta ya! ¡Nosotros somos los que nos tenemos que mover!... ¡Tenemos que dejar de delegar hasta para mear! ¡Tenemos que cambiar las cosas!... ¡Y mira que están empezando a cambiar! ¡Vaya que si cambian! *(Coge una aceituna y se la come)*.

JUAN. ¿Me equivoco o has hablado con el cabo primero de la policía sin bigote que es idéntico al sargento con bigote?

LUIS. ¿Con quién? *(Se come otra aceituna)*.

JUAN. Sí, con el policía ese antisistema que es un provocador que va diciendo que hay que robar

cosas en los supermercados..., claro. ¡Ese es tan
exaltado como tú!

Luis. No sé de qué me hablas. *(Prueba el contenido de
la lata abierta).* ¡Mmmm! Qué paté más bueno...
¿De qué es?

Juan. Pero, a ver, ¿has comido de esa lata?

Luis. Sí, y está muy bueno. Perdona, pero es que estoy
muerto de hambre.

Juan. ¿Sin limón?

Luis. ¿Tenía que echarle limón?

Juan. No estoy seguro... ¿Estás seguro de que está bueno?

Luis. Buenísimo.

Juan. ¿Me lo acercas? *(Lo prueba).* ¡Está buenísimo! Casi
tan bueno como el concentrado de larvas para pescar.

Luis. ¿Pero qué es?

Juan. Una especie de paté para perros y gatos ricos.

Luis. ¿Paté para perros y gatos? ¿Pero qué dices, te has
vuelto loco?

Juan. ¡No, yo es que soy un excéntrico..., un *gourmet*!
(Va a la cocina y tira la lata vacía). Cuando me pon-
go a cocinar, hago exquisiteces... Mira, prueba esto.
(Le pone delante un plato de sopa). ¡Prueba, prueba!

Luis. ¡No está nada mal! ¿Qué es?

Juan. Mi especialidad: sopa de alpiste para canarios...
¡con sus cabezas de conejo congeladas!

Luis. ¿Alpiste para canarios con cabezas de conejo?

Juan. Sí, es mi especialidad. La llamo la sopa del chef
Juan.

LUIS. Aunque el alpiste está un poco crudo...

JUAN. Tiene que estar así... Tiene que estar un poco duro..., *al dente*, y a las cabezas de conejo les echas un ojo... *(Busca las aceitunas de la mesa. Mosqueado).* ¿Te has comido las aceitunas que estaban aquí?

LUIS. Sí. ¿Por qué? ¿No podía?

JUAN. *(Al borde de la histeria).* ¡Pues claro que no podías! ¡Eran las aceitunas de tu mujer! ¡Desgraciado! ¡Le has quitado la comida al niño recién nacido!

LUIS. ¿De qué hablas?... ¿Las aceitunas de mi mujer..., el niño recién nacido?

JUAN. ¡¿En qué mundo vives?! ¡Es que no sabes que cuando nace un niño... suelta salmuera? *(Imita la acción descrita).* Al principio se resbala... Después tienes que coger en brazos a la parturienta... Sale el líquido primigenio y cae al suelo... ¡Y a nosotros nos toca recogerlo!

LUIS. ¿Pero qué dices?

JUAN. Ah, porque lo que tú has dicho sí que tiene sentido: que el empresario debería pagarnos el billete porque viajamos para él y que tendría que pagarnos incluso las horas que perdemos en el tren porque no nos estamos yendo de fiesta. Entonces, a este paso, nos debería pagar también las horas en las que estamos dormidos, porque descansamos para él, para estar más frescos al día siguiente en el trabajo; y también nos debería pagar la entrada del campo de fútbol porque nos permite descargar los nervios que tenemos por la cadena de montaje. E incluso debería pagar a nuestras mujeres cuando hacemos el amor con ellas... ¡Porque al hacer el amor nos recuperamos y rendimos el doble!

LUIS. *(Va a la cocina a servirse más sopa).* ¡Tú lo has dicho! A ver si no va a ser verdad que, encima, nuestras mujeres sirven al patrón gratis. Y que con ellas nos desahogamos, y nos cabreamos, por la alienación que nos provoca la fábrica... ¡Que venimos a casa a escondernos como los animales en su guarida, a lamernos las heridas..., a quitarnos los piojos y la roña el uno al otro, la mujer y el marido..., por toda la tristeza, el vacío y la miseria de esta mierda de vida que nos imponen!

JUAN. Bueno, tampoco te pases. Que tampoco es una vida tan de mierda... Estamos mejor que antes. Tenemos una casa y, por muy mala que sea, casi todos tenemos una... De vez en cuando nos desahucian, los bancos nos dan un préstamo para poder quitarnos después la casa..., pero qué le vamos a hacer, para compensar, nos venden un coche a plazos... Tú lo tienes, yo no... ¡Nevera y tele tenemos todos!... Es verdad que hay algunos que, como tú, por ser temporal...

LUIS. Pero a mí qué cojones me importan la nevera, el coche o la tele cuando, joder, odio la vida que llevo... Mi trabajo podrían hacerlo hasta unos monos: una soldadura, una chispa, taladra, una soldadura, una pieza, ahora otra... Una soldadura...

(*Mecánicamente,* JUAN *empieza a imitar el trabajo de la cadena de montaje*). Una pieza... Apriétala bien... Una soldadura...

JUAN. *(Se une a* LUIS*)* ... Una pieza... taladra... esta ya está, otra... una soldadura... *(Se para de golpe).* ¡No me hables de trabajo cuando estoy en casa! ¡Que me pongo en automático! Pero, por favor, ¿qué me haces hacer? ¡Estás consiguiendo volverme idiota!

LUIS. Yo no soy el que te vuelve idiota: ¡es el patrón! ¡Perdón, quería decir la empresa, la multinacional! ¡El empresario! El mismo que te atonta por todas partes, empezando por los periódicos, la radio y, sobre todo, la tele. ¡Mira los telediarios! Solo dan sucesos: están al servicio del horror. Cada telediario abre con una violación, dos niños robados por pedófilos y encontrados en un contenedor; una madre asesinada a martillazos y, finalmente, la masacre en Oriente Medio con el típico suicida: cientos de muertos, centenares de heridos; emigrantes criminales que violan y asesinan, justo después de un linchamiento a los gitanos. En medio del telediario, intervienen los políticos: indignados e intranquilos, tenemos que echar a los extranjeros sospechosos y a los pobres, y reforzar las policías.

JUAN. Y el Ejército...

LUIS. Y que los municipales lleven armas atómicas. La gente tiene miedo a salir de casa, especialmente en los barrios periféricos...

Juan. Y eso que las estadísticas, que no sirven para nada, te dicen que, en los últimos diez años, las agresiones y los ataques han bajado un diez por ciento... ¡Nos hemos convertido en el país menos violento de Europa!

Luis. ¡Pero eso no lo cuentan! ¡La gente tiene que vivir con miedo..., temblar... y, por eso, gritan: «¡No hay seguridad!». La inseguridad oculta y distrae de los problemas en el trabajo, de los salarios, de la vivienda, de la contaminación atmosférica, de los hospitales sobrepasados y de las ambulancias que llegan cuando el paciente ya está muerto. Y, sobre todo, se exagera el problema de la seguridad para que no se hable de los muertos en el trabajo...

Juan. ¡Desde luego! ¡De los muertos en los talleres y en el tajo no se habla nunca..., a menos que se mueran siete de golpe! ¿Sabes cuántos muertos en el trabajo hay en Italia según la última encuesta de la Unión Europea? ¿Y la cantidad de obreros que se caen de las obras y no llevan protección? ¿Y los que caen de la grúa o los aplasta la excavadora? *(Va al armario y coge un papel)*. Mira, aquí lo tengo, en mi oficina... *(Lee)*. ¡Más de mil doscientos asesinados en un año! ¡En cinco años, alrededor de siete mil muertos: más muertos que en la guerra de Irak y la de Afganistán juntas!

Luis. Es una guerra, pero vamos a dejarlo, que es la hora de cenar...

JUAN. Menos mal que en la tele ha vuelto a salir el papa hablando de la píldora... Ya no se conforma con aparecerse en los sueños de las mujeres y aterrorizarlas...

LUIS. ¿Cómo que aterroriza a las mujeres en los sueños? ¿Dónde has leído eso?

JUAN. No lo he leído. Me lo ha contado Antonia, y se refería a Margarita, tu mujer.

LUIS. ¿Qué dices?

JUAN. Sí, que Margarita sueña todas las noches con que el papa llega volando... por la ventana..., ¡pataplum!, «¡No toméis la píldora!», ¡pataplum! ¡Y se va!

LUIS. ¿Pero qué dices? ¿Qué el papa entra por la ventana? ¡Pataplum! ¿Que no toméis la píldora? ¿Pero y eso cómo le va a importar a Margarita? ¡Si no toma la píldora!

JUAN. Ah, ¿tú también lo sabes? ¿Quién te lo ha dicho?

LUIS. ¿Pues quién crees que me lo ha dicho? No la toma porque no puede tener hijos por una malformación... ¿Cómo se llamaba...? Ayúdame... Es como una especie de angustia vital... Vaya, se me va... Se llama algo parecido a analgésico... *Estelético*... Nada, que no consigo acordarme...

JUAN. ¡Tú sí que tienes una malformación vital! ¡Pero en la cabeza! Tu mujer está sanísima y por supuesto que puede tener niños... *(Animoso)*. ¡De hecho, ya tiene uno!

LUIS. *(Incrédulo)*. ¿Cómo que tiene un niño? ¿Desde cuándo?

JUAN. ¡Desde ahora mismo! ¡De hecho, puede ser que a estas horas ya haya nacido: un prematuro de cinco meses!

LUIS. ¡No digas tonterías! ¡Cómo va a estar de cinco meses! ¡Si ni siquiera tiene tripa!

JUAN. *(Se aguanta la risa)*. No tiene porque se la venda... Y Antonia le ha quitado las vendas y, ¡hala...!, un tripón que parecía de nueve meses, ¡o hasta de once!

LUIS. ¿Te estás quedando conmigo?

JUAN. Vale, si no te lo crees..., mi mujer, que lo sepas, la ha acompañado en ambulancia al hospital... ¡Casi se pone aquí de parto!

LUIS. ¡¿Aquí de parto?!

JUAN. ¡Ha roto aguas! ¡Y las he recogido yo!

LUIS. ¿Que tú has recogido las aguas de mi mujer?

JUAN. Bueno, aguas..., salmuera... y alguna que otra aceitunita..., que, por cierto, ¡son las que te acabas de comer!

LUIS. ¡Mira, deja de tocarme las narices! ¿Dónde está mi mujer?

JUAN. Ya te lo he dicho, en el hospital.

LUIS. ¿En qué hospital?

JUAN. ¿Cómo quieres que lo sepa? Si hubieras hecho la reserva hace un mes, como está mandado, ahora lo sabríamos. Pero así... Creo que está yendo a todos... ¡Ya verás como el niño nace en el coche, entre las aceitunas!

Luis. ¡Para ya! Qué manía tienes de hacerte el gracioso y reírte de las cosas serias... ¡Dime ahora mismo a qué hospital se la han llevado o te pego un puñetazo!

Juan. ¡Eh, tranquilo! Ya te he dicho que no lo sé... No, espera. Puede que hayan ido a ese, ¿cómo se llamaba?... Al ginecológico.

Luis. ¿Al centro ginecológico?

Juan. Sí, en el que trasplantan a los niños prematuros de una tripa a otra.

Luis. *(Desesperado)*. ¡¿Cómo que trasplantan niños de una tripa a otra...?!

Juan. Sí, exactamente eso... ¿Pero en qué mundo vives? ¡Cómo se ve que no tienes ni idea de partos prematuros! Porque en el ginecológico, cuando llegue tu mujer..., esto es lo que hacen: hay una máquina, una esterilizadora..., con una tienda de oxígeno... Cogen a la mujer embarazada del prematuro de cuatro meses y medio, y hasta de cinco... Cogen a otra mujer –¡siempre tienen a una mujer de sobra!, que sería la segunda madre–, le hacen la cesárea...; después se la hacen a la otra mujer..., le meten al niño en la tripa, cierran con la placenta dentro y todo..., y cuatro meses después: ¡un pez!

Luis. Déjalo ya. No me importa nada la máquina, el trasplante o la cesárea, lo que quiero es saber dónde está el centro ginecológico de los cojones... Coge la guía de teléfonos a ver si lo encontramos...

Juan. Ya no tengo teléfono fijo...

LUIS. ¿Cómo que ya no tienes?

JUAN. Es el primer recorte que hemos tenido que hacer para salvar la economía familiar.

LUIS. ¿Y la guía?

JUAN. ¿De qué me sirve la guía? Hala, mira... *(Finge que pasa las páginas)*. A, B, C, D... ¡No! *(Tira al suelo la guía imaginaria y la pisotea)*.

LUIS. Vale, vamos al bar de abajo, que tienen teléfono...

JUAN. Ahora que me acuerdo... ¡El hospital ginecológico está en la otra punta!

LUIS. ¿En la otra punta? ¿Pero cómo de lejos?

JUAN. No sé... A unos quince kilómetros, por lo menos.

LUIS. ¿Pero por qué se han ido tan lejos?

JUAN. ¡Pero si te lo he dicho!... ¡Mira que eres cabezota! ¡Es el único sitio donde hacen trasplantes! Cogen a otra mujer, la primera que pillan... *(Para de golpe. Le asalta una idea)*. ¿Otra mujer? ¡¿Mi mujer?! Antonia es capaz de decir que sí... ¡Va a ser ella la primera mujer que pillen! ¡Es tan tonta! ¡Esta se deja hacer el trasplante y me vuelve a casa embarazada! ¡Rápido, vamos!

(Salen a la carrera).

Fin del acto primero

ACTO SEGUNDO

Escena primera

(Vuelven las dos mujeres. La más joven, MARGA-RITA, todavía con tripón, lloriquea).

ANTONIA. Venga, venga, Margarita, pasa. *(Llama a la habitación).* ¡Juan, Juan! No está. *(Se asoma al otro cuarto).* ¿Se habrá ido a trabajar? ¿Qué hora es? *(Mira el reloj).* ¡Las cinco y media! Vaya, con todo este lío hemos estado fuera de casa más de cuatro horas. Pues sí, se ha ido. Y la cama ni la ha tocado, el pobre.

MARGARITA. ¡Es culpa nuestra! ¡Por haberte hecho caso! ¡Mira la que hemos liado! ¡Ayer ni siquiera tuve tiempo de llamar al supervisor de la oficina para que me sustituyera! ¡Me van a despedir!

ANTONIA. ¡Anda, deja de quejarte..., que eres una pesada! ¿Al final qué ha pasado? Ha salido todo a pedir de boca, ¿o no? ¿Has visto qué majos eran los de la ambulancia? Fue suficiente con decirles: «Mirad, que la chica no está embarazada, lo que lleva es un botín» para que nos ayudasen. ¡Si hasta nos han felicitado! «¡Ja, ja, qué bueno! ¡Habéis hecho muy bien! ¡Les viene bien un escarmiento a esa panda de ladrones que suben los precios en los supermercados!»... ¡Esta es la auténtica solidaridad!

MARGARITA. ¡Solidaridad entre ladrones!

ANTONIA. ¿Sabes qué tengo yo a mi favor? ¡Que confío en la gente! ¡Hay que confiar en la gente! Voy a hacerte una sopita. Ay, el arroz... Anda, dame un paquete de arroz, que luego te lo devuelvo. (*MARGARITA saca del abrigo un paquete de arroz. ANTONIA se acerca a los fogones. Ve la cacerola que ha empleado JUAN para cocinar*). ¿Qué es esto? ¿Alpiste? El imbécil de Juan se ha hecho una sopa con el alpiste y ¡con las cabezas de conejo! Mira cómo flotan... (*Le enseña el contenido de la cacerola*).

MARGARITA. (*La interrumpe*). ¡Por favor! ¡¿Quieres que vomite aquí mismo?!

ANTONIA. ¡Y me miran con unos ojitos...! ¡Es increíble! ¡No puedes contarle ni una mentirijilla, que él se la traga! ¡Y hasta se la bebe!

MARGARITA. Mira, si vas a hacer la sopa solo por mí, no la hagas, que ya no tengo hambre... ¡Se me ha cerrado el estómago!

ANTONIA. ¡Bueno, pues te lo abres! ¡Que no hay que tomarse todo tan en serio! (*MARGARITA se saca de la tripa varios paquetes*). ¿Qué haces?

MARGARITA. Me saco las cosas... ¿O quieres que me quede así para siempre?

ANTONIA. ¡No quiero mercancía robada en mi casa! ¿Está claro? Y hazme el favor..., llévate también la que está debajo de la cama. No quiero acabar en la cárcel por tus líos.

MARGARITA. ¿Mis líos? ¿Te los inventas tú y ahora son mis líos?

ANTONIA. Y para acabar antes, yo también me pongo un tripón. *(Coge del armario una funda de almohada y, con unos imperdibles, se hace una bolsa que se cuelga del cuello).*

MARGARITA. ¿Y a dónde nos llevamos todo esto?

ANTONIA. Lo dejamos detrás de las vías... *(Mientras habla, mete en la funda parte del botín).* Mi suegro tiene un cobertizo con un huerto, en un terreno de diez metros..., para plantar unas cuantas lechugas. Es el escondite perfecto.

MARGARITA. *(Harta).* No, mira, yo ya no puedo más... Y además estoy hasta las narices de tus locuras. Perdona, pero te lo dejo aquí todo: no quiero ni un paquete de pasta. *(Hace ademán de irse).*

ANTONIA. Vale, vale, como quieras... ¿Sabes lo que eres? ¡Una imbécil!

MARGARITA. *(Se para).* ¿Así que soy imbécil? ¡Pues a ver lo que tú –ya que eres tan lista e inteligente– le vas a decir a tu marido cuando me vea sin tripa... y sin niño!

ANTONIA. Ya lo tengo pensado. Le diremos que has tenido un embarazo histérico.

MARGARITA. ¿Histérica?

ANTONIA. Sí, es muy típico creer que estás embarazada..., incluso te crece la tripa, y después, a la hora de parir, solo hay aire. ¡Solo aire! ¡Qué vergüenza!

MARGARITA. ¡Esto es lo que me faltaba, un embarazo histérico!

ANTONIA. Pues, mira: échale un ojo a la cacerola que está en el fuego. Salgo diez minutos y vuelvo... *(Llena la funda, se la cuelga del cuello y la tapa con el abrigo).*

MARGARITA. ¿Pero por qué no coges otra funda y te lo llevas todo de golpe *(coge una bolsa de debajo de la cama)* en vez de estar con el tripón sube, baja, sube, baja?

ANTONIA. Porque no soy tan tonta como tú, que a ti fijo que te pillan. Mira ahí abajo, allí, en la calle... Ven aquí, mira. ¿Eso qué es?

MARGARITA. Un furgón...

ANTONIA. ¡Un furgón de la policía! ¿Y tú qué crees que hacen aquí a estas horas? Se ponen ahí para esperar a las lerdas como tú, que salen de paseo con el botín a esconder las cosas a primera hora de la mañana... ¡Y, zas, pilladas! *(Vuelve a la estufa de gas).* Ten cuidado. Por si se apaga el gas, aquí te dejo el mechero... *(No lo encuentra).* ¿Dónde está? ¡Me lo cambia siempre de sitio! Ah, aquí está...

MARGARITA. ¿Y eso qué es? ¿El mechero de King Kong?

ANTONIA. ¡Qué va! Es el soldador autógeno de Juan... Tienes que aprender a usarlo... Mira, se hace así... Se enciende...

MARGARITA. ¿Pero no se pondrá al rojo vivo?

ANTONIA. Pues no, porque no es de hierro... Es de un material especial que se llama antimonio. Llega hasta los dos mil grados, pero nunca se pone rojo... ¡y sirve para encender el gas!

MARGARITA. *(Se asoma a la ventana)*. Mira, ahí está María, la del tercero, que también está embarazada... Mira cómo cruza.

ANTONIA. *(La alcanza)*. ¡Nos han robado la idea! ¡Verás como dentro de nada veremos pasar hasta perros embarazados con su abriguito y todo, y los hombres..., como si lo viera..., todos con joroba! Las mujeres, preñadas; los hombres, jorobados... ¡Qué pensarán de nosotros en el extranjero! *(Se va hacia la salida)*.

MARGARITA. Mira, me lo he pensado mejor; me voy contigo. *(Mete un paquete en la funda, se la cuelga del cuello y la esconde bajo el abrigo)*.

ANTONIA. ¿Y a ti qué te pasa?... Te has vuelto valiente de golpe... Estoy muy contenta. Estaba segura de que te lo pensarías... Incluso las cagonas como tú, llegado el momento, se despiertan. *(Cariñosa)*. ¡Muévete, guapita! Vamos. *(Van a salir. De repente, ANTONIA se para)*. ¡No, espera! Ayúdame a mover la mesa...

MARGARITA. ¿Por qué?

ANTONIA. ¡Para preparar el cambio de escena!

MARGARITA. ¡Esto es una explotación de las preñadas!

(Mueven la mesa).

ESCENA SEGUNDA

(Se cierra el telón de boca. Los dos obreros entran en escena como si anduviesen por la calle. LUIS saca la gorra y se la pone. JUAN lo imita).

LUIS. Lo que faltaba: ahora empieza a llover ¡y nos vamos a empapar!

JUAN. ¡Me cago en la leche! Me liaría a patadas con todo, pero tengo los pies machacados. Tengo los zapatos llenitos de pies... Qué buena idea has tenido con lo de recorrernos los hospitales. Si cuando llamas por teléfono te dicen que tu mujer no está, ¡¿qué necesidad tenemos de pegarnos esta paliza?!

LUIS. Sí, claro. Con el lío que hay en los mostradores de los hospitales, cualquiera se fía.

JUAN. ¡Vale, pero ya basta! ¿Sabes lo que te digo? Que me voy a la estación a coger el tren para irme a trabajar..., que ya me van a descontar una hora. *(Empieza a irse).*

(Se oye un ruido muy fuerte).

JUAN. *(Se mueve de golpe y mira al patio de butacas).*
¡Mira! ¡Allí! ¿Qué ha pasado? ¡Joder, qué desastre!

LUIS. *(Se acerca a JUAN).* ¡Es un camión! ¡No, dos
tráileres! ¡Han volcado!

JUAN. No me extraña. Con la cantidad de agua, frenan
con el suelo mojado... ¡y *aquaplaning*!

(Entra el AGENTE que ya conocemos).

AGENTE. ¡Atrás, atrás! ¡No se acerquen!... ¡Es peligroso!... ¡Pueden llevar material inflamable... y podrían
explotar en cualquier momento!

JUAN. ¿Qué tal, agente...? Nos encontramos siempre
en el mejor momento, ¿eh?

AGENTE. ¡Claro! ¡Ah, es usted...! ¿Qué tal? ¿Ha visto
lo que nos toca hacer? *(Se vuelve hacia el fondo de
la sala).* ¡Eh, ustedes, los de arriba! ¿Pero qué hacen
estos inconscientes? Atrás... Sí, ustedes también...
Por ahí... Circulen... ¡Que se vayan... a trabajar!
¿Es que no tenéis suficientes accidentes laborales
como para venir aquí a buscar más? *(Baja al patio
de butacas).*

JUAN. *(Al AGENTE, que se aleja).* ¡Es que somos ma-
soquistas!

LUIS. ¿De verdad lo conoces?

JUAN. Claro, es muy amigo mío... Un antisistema con-
vencido... Para mí que es un infiltrado.

LUIS. ¿En la policía?

Agente. *(Vuelve a escena).* ¡Rápido! ¡Rápido! ¡Vamos a rescatar la carga! *(Se dirige a Juan y Luis).* ¡Vamos, ayudadme! Por cierto, vosotros, que habéis llegado antes que yo, ¿sabéis algo de los camioneros?

Juan. ¡Eso! ¡Joder! ¿No se habrán quedado atrapados en las cabinas?

Agente. No, no se han quedado atrapados, se han salvado.

Juan. ¡Menos mal!

Agente. ¡Se han salvado porque han salido corriendo a toda pastilla!

Juan. ¡No me extraña! ¡No querrían acabar fritos!

Agente. ¡No, no había ningún peligro! ¡Mire...! *(Les enseña un paquete).* ¡Son palés llenos de paquetes de azúcar, de harina, de arroz del largo y también del integral! Mercancía china que entra a través de los países del Este.

Juan. ¡Claro! ¡Sin ningún tipo de control!

Luis. ¡Y sin respetar las leyes de mercado! A menos que vuelque en mitad de la calle...

Juan. ¡Siempre hay un dios que castiga a los listillos..., un dios chino!

Luis. Y pensar que hace solo treinta años decir «chinos» significaba «compañeros de verdad»... ¡El gran timonel, Mao Zedong!

Agente. ¡Eso, indígnese! ¡Que la indignación es el arma más peligrosa... del capullo!

JUAN. ¡Nos ha reconocido! ¿Y usted qué más hace por la ley, además de joder?

AGENTE. ¡Yo requiso! ¡Requiso y confisco! Venga, echadme una mano para recoger esas bolsas.

JUAN. Claro, si ya estamos implicados.

AGENTE. *(Se dirige al lugar del accidente)*. ¿A dónde van esos? ¡Me cago en todo, están robando los sacos! *(Se aleja)*. ¡Y vosotros, seguid recogiéndolos!

LUIS. ¿Cómo? ¡No, si ahora tenemos que hacer de mozos de los traficantes chinos! ¿Sabes lo que te digo? ¡Que estoy por coger unos cuantos sacos de esos y llevármelos a casa! Se los doy a probar a mi vecino jubilado y, si en veinticuatro horas no tiene daños colaterales, me los quedo. *(Coge un par de sacos)*.

JUAN. *(Lo para)*. ¿Estás loco? No querrás ponerte a la altura de esos pringados, tipejos de baja estofa, que, te lo digo yo, ni son ni obreros ni nada, ¡son huelguistas!

LUIS. ¿Huelguistas? ¡Ha hablado el Caballero del Trabajo! ¿Pero tú sabes lo que quiere decir «huelguistas»? ¡Quiere decir que están en huelga! ¿O es que tú no vas a la huelga?

JUAN. ¡Sí, yo a la huelga voy, pero no me llevo lo que no es mío!

LUIS. Ah, ¿así que no es tuyo? Vamos a ver, ¿quién ha fabricado todo esto? ¿Quién lo siembra? ¿Quién construye las máquinas para recogerlo? ¿Quién lo trabaja?

JUAN. ¡Los chinos!

LUIS. ¡Pues eso! ¿Y es que los obreros chinos no son proletarios explotados? Y entonces, ¿qué se supone que es la Internacional del Trabajo? ¿Un invento de Lenin para cabrear a los empresarios? ¡A los que nos quitan lo que es nuestro!

JUAN. Bien, así que, como estamos en un mundo de ladrones, vamos a robar también nosotros: ¡venga! ¡El más listo es el que más trinca! ¡Y el que no roba es un gilipollas! ¿Pues sabes lo que te digo? ¡Que estoy muy orgulloso de ser un gilipollas en un mundo de listillos y ladrones!

LUIS. ¡Por supuesto! ¡Lo llaman el Orgullo Internacional del Gilipollas! *International Gilipollas Pride.*

(LUIS coge un saco para cambiarlo de sitio mientras, desde el patio de butacas, le lanzan otro saco a JUAN. Entra en escena el SARGENTO, que al verlos malinterpreta sus intenciones).

SARGENTO. Pero bueno, ¿qué pasa aquí?

LUIS. *(Sigue moviendo sacos).* ¡Lo que pasa es que estamos trabajando de mozos de carga y de paso salvamos a la patria!

SARGENTO. ¡Pero qué dice de salvar a la patria! ¡Pero si están arrasando con todo!

JUAN. ¡Mira quién ha vuelto! ¡El señor sargento con bigote! *(A LUIS).* ¿Has visto cómo se parece al agente de antes?

Sargento. *(Saca la pistola y apunta hacia el lugar del accidente)*. Eh, vosotros dos: ¡quietos, soltadlo todo! ¡Que soltéis esos sacos o disparo! ¡Sinvergüenzas, malditos, se han largado! *(Se vuelve de repente hacia Juan y Luis, y los apunta con la pistola)*. ¿Y a vosotros quién os ha dado permiso para tocar esos sacos?

Luis. *(Escondido detrás de su amigo)*. ¡No, si todavía nos pega un tiro!

Juan. *(Utiliza a Luis de escudo)*. Tenemos órdenes superiores. ¡Por amor de dios, sargento, intente no tropezar con la pistola en la mano, que, como se le escape un disparo, con el retroceso se le quema el bigote!

Sargento. *(Se ríe, se coloca los bigotes e intenta ponerse serio para decir la frase)*. ¡Usted no se haga tanto el gracioso! ¡Se lo tengo dicho!

Juan. De acuerdo, pero nosotros les estamos haciendo un favor... para que no se lo lleven todo.

Sargento. No necesitamos que nos hagan ningún favor... ¡Fuera, circulen!

Juan. Nada nos gustaría más, pero es que nos lo ha dicho el agente aquel que está junto al camión.

Sargento. Bueno. Si es así, seguid... *(Los dos mueven sacos)*. No, mejor, quietos... *(Asustados, los dejan caer)*. Esperad aquí, que voy a comprobarlo. ¡Eh, agente! *(Sale por el patio de butacas)*.

Luis. ¡Orden! ¡Contraorden! ¿Has visto? ¡Y nos han pillado en medio!

JUAN. Sí, parece un poco fanático, pero en el fondo es una buena persona: ¡él ha sido el que ha llevado en brazos a tu mujer hasta la ambulancia!

LUIS. Antes estaba a punto de contarte algo...

JUAN. ¿Qué?

LUIS. Es algo que tiene que ver con la plataforma del sindicato, los sacrificios y la movilidad laboral. ¡A partir de mañana nos mandan a todos al paro!

JUAN. ¿Quién te lo ha dicho?

LUIS. Me enteré ayer en el tren: nos echan a los seis mil que estamos a tiempo parcial, a los de las veintiséis horas... ¡Y en un par de meses, cierran!

JUAN. ¿Cómo que cierran la fábrica? ¿Por qué? Si ni siquiera estamos en crisis. ¡Pero si tenemos pedidos para los próximos dos años!

LUIS. ¡Eso a ellos les da igual! Un ingeniero de la fábrica me lo ha soplado: desmantelan toda la maquinaria, se la llevan a un país del Este, creo que a Georgia o a Tayikistán. ¿Y sabes lo mejor? Que este año nuestra empresa ha recibido una subvención del Estado para que investiguen en motores nuevos que contaminen menos. Tenían que contratar a más de dos mil personas, entre técnicos especializados y obreros. Pero no han hecho nada. ¿Y sabes a dónde han ido a parar los millones que les han dado? A un banco de Liechtenstein, convertidos en acciones de una empresa que reside en un paraíso fiscal y que produce armas de guerra de lo más sofisticadas.

JUAN. *(Indignado, corre a coger los sacos).* ¡Ayúdame, cógelos, venga, vamos...! ¡Coge todos los que puedas..., deprisa!

LUIS. ¡¿Qué ha pasado con el orgullo de ser un gilipollas demócrata legalista?!

JUAN. ¡Llega un momento en que hasta los gilipollas se despiertan! ¡Venga, vamos! *(Salen cargados con sacos).*

SARGENTO. *(Sigue en el patio de butacas).* ¡Eh, vosotros dos!... ¿A dónde vais? Quietos... ¡Quietos o disparo! ¡Disparo!

JUAN. *(Vuelve un momentito).* ¡Sí, dispara! ¡Dispárate en los huevos! *(Sale).*

SARGENTO. *(Entra en escena sin aliento).* ¡Desgraciados! ¡Y parecía que estaban trabajando...! «¡Salvemos la mercancía... les hacemos un favor!». ¡Ya sabía yo que no eran de fiar! *(Sale detrás de ellos).*

(Cambio de escena. El telón de boca sigue cerrado. Hay un cambio de luz, que nos indica el ambiente de la calle. Entran los dos obreros acarreando sacos).

JUAN. Venga, vamos, cien metros más y hemos llegado. Quieto, que hay un furgón de la policía... justo en la puerta de mi casa...

LUIS. Fíjate en esas dos mujeres que están cruzando. ¿No serán las nuestras?

JUAN. Qué va, ellas no pueden ser. A estas horas, Antonia estará protestando en la puerta del banco, porque nos han aumentado la hipoteca de la casa...

LUIS. ¿Cómo que no? Mira, si están entrando en tu casa. Y una está embarazada.

JUAN. No, fíjate bien... Están embarazadas las dos.

LUIS. Es verdad. Entonces, no pueden ser ellas.

JUAN. *(Señala por detrás)*. Mierda, estamos atrapados. ¡Mira para allá!

LUIS. ¿Qué?

JUAN. ¿Pero es que no lo ves? ¡Es el sargento, que nos persigue! ¡Este cabrón, con toda la gente que se ha llevado cosas y tiene que perseguirnos precisamente a nosotros! ¡Porque nos hemos llevado pocas cosas!

LUIS. Claro, es que sabe dónde vives... ¡Y ya verás como este va a buscarte a tu casa!

JUAN. ¡Pues nosotros damos un rodeo y nos vamos a la tuya!

LUIS. Buena idea. Vamos por aquí, que así no nos ve. *(Sale)*.

SARGENTO. *(Entra en escena, jadeante)*. ¡Corre, corre, que sé dónde vives! ¡Y me conozco las calles!... *(Cambia el tono)*. ¡Y que conste que sé leer, ¿eh?!

(Cambio de escena. Se abre el telón y nos encontramos de nuevo en la casa de JUAN y ANTONIA. Entran las dos mujeres, con tripón y muy cansadas).

ANTONIA. Me quiero morir... Me quiero morir... *(Se sienta, desconsolada, en la cama).*

MARGARITA. ¡Con tanta carga y descarga, me he convertido en un camión!

ANTONIA. ¡Me quiero morir...! ¡Ya no puedo con más hijos! ¡Madre mía, qué tripón! Uf, cómo cansa el embarazo...

MARGARITA. ¿Y yo qué? Embarázate, desembarázate, recarga, aborta, trasplantes de comida de lata y hasta de verdura fresca...

ANTONIA. ¡Basta ya! ¡Siempre te estás quejando! ¡Es la primera vez que me encuentro a alguien tan remilgada como tú! ¡Qué pesadaaa! ¡Menos mal que no eres mi mujer!

MARGARITA. *(Durante el parlamento de ANTONIA se ha abierto el abrigo y ha sacado de la funda de almohada hojas de ensalada y algún repollo).* ¡Mira, mira la cantidad de ensalada que tenemos! ¡Vamos a estar un año entero comiendo ensalada!

ANTONIA. ¡Y dale... que dale! ¡No podíamos hacer otra cosa! Con la policía en la puerta, no podíamos salir con tripón, volver sin tripa..., volver a salir con tripón..., volver... ¡Por muy tontos que sean, al final se iban a dar cuenta! ¡Sobre todo lo siento por mi suegro, que se ha quedado sin sus lechugas! *(Grita de golpe).* ¡La sopa! *(Corre preocupada hacia los fogones).* ¡Me he dejado la sopa en el fuego!... ¡Se habrá quemado todo! Dios mío, con el hambre que tengo... *(Levanta la tapa de la olla)*. Menos mal, ni siquiera está hirviendo... *(Preocupada)*. ¿Y por qué no ha hervido? ¡Si lleva más de cuatro horas! ¡El gas! ¡Estos desgraciados me han cortado el gas por falta de pago! ¡Bestias, asesinos, ladrones! Y también me van a cortar la luz...

MARGARITA. ¿No será que hay una avería?

ANTONIA. ¡No! Ayer vino el inspector y me lo advirtió... *(Desesperada, oye que llaman a la puerta)*. ¿Quién es?

SARGENTO. *(En* off*)*. Amigos.

ANTONIA. ¿Qué amigos?

SARGENTO. *(Sigue en* off*)*. Soy un compañero de trabajo de su marido. Me ha dicho que le diga una cosa.

ANTONIA. ¡Ay, por dios! ¿Qué le habrá pasado? *(Va a abrir)*.

MARGARITA. Espera un momento, que me vuelvo a meter la verdura. *(Lo hace)*.

ANTONIA. Espere un momento..., que estoy sin vestir. *(Abre la puerta y aparece el* SARGENTO*)*. ¡¿Usted otra vez?! ¡Pero qué broma es esta?

SARGENTO. ¡Quietas las dos! ¡Esta vez os he pillado! ¡Míralas, ahora están las dos embarazadas! *(Cambia de tono)* ¡Pero cómo les ha crecido la tripa! ¡Lo sabía, era mentira!

ANTONIA. ¡Usted está loco! ¿A qué mentira se refiere?

MARGARITA. *(Se desploma sobre la cama)*. ¡Y vuelta a lo mismo! ¡Lo sabía, lo sabía!

SARGENTO. *(A MARGARITA)*. Me alegra saber que usted no ha perdido al niño. *(A ANTONIA)*. ¡Y sin embargo, usted, señora..., felicidades! ¡En cinco horas ha hecho el amor, se ha vuelto mamá e incluso ha llegado al noveno mes...! ¡Qué velocidad!

ANTONIA. Mire, señor sargento, está usted pero que muy equivocado...

SARGENTO. ¡No, equivocado estaba antes..., cuando me he tragado el numerito de las contracciones y del parto prematuro! ¡Pero ya no me engañan más, basta! ¡Saquen el botín!

ANTONIA. ¿Pero a qué botín se refiere? ¿Se ha vuelto loco?

SARGENTO. ¡Y no se hagan las listillas, que ya no cuela! ¡He descubierto su jueguecito! Los maridos salen a robar; después le pasan el alijo a las mujeres, que se lo ponen en la tripa, y ¡hala! ¡Llevo todo el día viendo pasar mujeres embarazadas! ¿Cómo es posible que todas las mujeres de este barrio se hayan quedado preñadas a la vez? Sé que se habla de lo prolíficas que son las mujeres del pueblo..., ¿pero esto qué es? ¿El maratón provincial del sexo? *(Va a la ventana)*. ¡Esto ya es demasiado! ¡Mujeres maduras, chicas, niñas...! ¡Hasta he visto pasar a una anciana de ochenta embarazada, con un tripón que parecía de gemelos!

ANTONIA. Lo sé, pero no es por lo que usted está pensando, ¿sabe...?, si no por la fiesta... de la santa patrona..., santa Eulalia.

SARGENTO. ¿Y ahora qué me va a contar de la santa patrona?

ANTONIA. ¿No la conoce? ¡Qué pedazo de santa! ¡Una santa! Una buena mujer... que... que quería a toda costa quedarse embarazada. «Quiero un niño, quiero un niño...». ¡Y todos los días: «Eulelio –que era el marido–, ven, que vamos a probar otra vez»! Y nada, hasta que un día el Señor, desde las alturas, se compadece de ella y, ¡catapum!, ¡se queda embarazada... a los sesenta años! ¡Un milagro!

SARGENTO. ¿Con sesenta años?

ANTONIA. ¡Sí, y fíjese que Eulelio tenía más de ochenta!

SARGENTO. ¡El poder de la fe!

ANTONIA. Dicen que el marido murió poco después.

SARGENTO. ¡No me extraña!

ANTONIA. De todos modos, en conmemoración de ese milagro, todas las mujeres del barrio salen a la calle con tripas de mentira.

SARGENTO. ¡Qué tradición más bonita! ¡Muy bien! ¡Ah!, ¿y por eso habéis vaciado las estanterías del supermercado..., para poder rellenar las tripas?! Es increíble lo que consigue la fe del pueblo. ¡Venga, basta ya de payasadas! ¡Enséñeme lo que tiene ahí dentro!

ANTONIA. *(Con desprecio).* ¿Y si no quiero?

SARGENTO. ¡Mire, que estoy a punto de perder la paciencia!

ANTONIA. Y cuando pierda la paciencia, ¿qué va a hacer? ¿Arrancarnos la ropa? ¡Le advierto que, si nos toca, aunque sea con un dedo, e insiste en mirar, le caerá una desgracia!

SARGENTO. ¡Sí, sí, perdone que me parta de risa! *(Enseguida, preocupado)*. ¿Qué tipo de desgracia?

ANTONIA. ¡Pues la misma que a Eulelio! El viejo era un descreído y... *(subraya)* no se lo creía: «Santa Eulalia, vente para acá, que tengo que hablar contigo. ¡Ábrete el vestido y enséñame lo que tienes en la tripa, y te advierto que, si de verdad estás preñada, te mato, porque ese niño no es mío!». Entonces ella, santa Eulalia, de golpe, se aparta el vestido *(con mucha inspiración)* y... ¡El segundo milagro: de su vientre salen rosas..., rosas que caen en cascada!

SARGENTO. ¡Ah, pues mira, qué milagro tan bonito!

ANTONIA. Sí, pero esto no acaba aquí... Al pobre Eulelio se le nublaron los ojos: «¡No veo, no veo nada!», gritaba, «¡Estoy ciego! ¡Dios me ha castigado!». Y entonces santa Eulalia le dijo: «¿Ahora te lo crees, descreído... ido... ido... ido?». Las santas hablan siempre con eco. «¡Sí, sí, creo!». Y entonces, el tercer milagro: de entre las rosas surgió un niño ya de diez... *(indica la altura con un gesto)* meses, que hablaba, y dijo: «¡Papá, papá, el Señor te ha perdonado! Puedes morir en paz!». Le puso la manita en la cabeza y, ¡zas!, ¡Eulelio cayó fulminado!

Sargento. (*Intentando disimular*). Basta de cuentos y enseñadme las rosas... Quiero decir..., ¡que os deis prisa, que ya hemos perdido bastante tiempo y estoy un poco nervioso!

Antonia. ¿Pero es que no se cree lo del milagro?

Sargento. La verdad es que no.

Antonia. ¿Y no le da miedo la desgracia?

Sargento. ¡¡¡Ya le he dicho que no!!!

Antonia. ¡Muy bien, como usted quiera! Pero luego no venga a decirme que no le he avisado. (*A Margarita*). Venga, levántate y descubrámonos juntas. (*Recita con énfasis mientras Margarita canta una nana*).

> *Santa Eulalia del tripón,*
> *a quien no crea en milagros*
> *cáigale la maldición,*
> *a quien no crea en oráculos*
> *cáigale el mal mayor;*
> *ciega y cubre su mirada,*
> *santa Eulalia, la más pía,*
> *dale un golpe*
> *¡y que así sea!*

Antonia y Margarita. (*A coro*). ¡*Exulte*! ¡*Exulte*! ¡*Laude* a ti!

(*Las dos se abren el abrigo*).

Sargento. ¿Y eso qué es?

ANTONIA. ¿El qué? *(Falsamente maravillada)*. ¡Anda, si parecen lechugas!

MARGARITA. Es para hacer una ensalada: tenemos rúcula...

ANTONIA. ... endibia, escarola... ¡Y hasta un repollo!

SARGENTO. ¿Pero qué es esto? ¿Por qué os habéis metido toda esa cantidad de verdura en la tripa?

ANTONIA. ¡Pero si nosotras no hemos hecho nada! ¡¿No ve que es un milagro?!

SARGENTO. ¡Sí, el, milagro de los repollos y las lechugas!

ANTONIA. ¡Bueno, una hace los milagros con la verdura que tiene más a mano! De todos modos, no nos importa si nos cree o no. ¿Es que acaso está prohibido? ¡Hay alguna ley que diga que una ciudadana, especialmente una mujer, no puede llevar lechuga, endibia y repollo en la tripa? ¿Está prohibido?

SARGENTO. No...

ANTONIA. ¡Pues adiós! *(Le ofrece la mano para saludarle)*.

SARGENTO. ¡Pero cómo que adiós! Quiero saber por qué llevabais todo esto encima.

ANTONIA. ¡Pero si se lo acabo de decir! ¡Para que pareciera un tripón, según el milagro de santa Eulalia! ¡Y tenemos que llevarlo durante tres días! ¡Y a quien no se lo crea le caiga la maldición!

(Baja la luz poco a poco).

ANTONIA Y MARGARITA. *(Repiten la oración a santa Eulalia mientras miran, preocupadas, la bajada de la luz).*

> *Santa Eulalia del tripón,*
> *a quien no crea en milagros*
> *cáigale la maldición,*
> *a quien no crea en oráculos*
> *cáigale el mal mayor;*
> *ciega y cubre su mirada,*
> *santa Eulalia, la más pía,*
> *dale un golpe*
> *¡y que así sea!*

SARGENTO. ¿Y ahora qué pasa? ¿Se ha ido la luz?

ANTONIA. *(Muy calmada).* ¿Cómo dice, señor sargento?

SARGENTO. ¿Pero no ve que está oscure...? *(Preocupado).* ¡Que se está haciendo de noche!

ANTONIA. ¿Cómo que se ha ido la luz? No, mire, usted está muy equivocado... Yo veo perfectamente. *(A MARGARITA).* ¿Tú ves?

MARGARITA. ¡Te han cortado la luz!

ANTONIA. Nosotras vemos igual que antes. Puede que a usted se le esté nublando la vista.

MARGARITA. *(Se acerca a ANTONIA, en voz baja).* Te han cortado la luz...

ANTONIA. ¡Calla!

SARGENTO. ¡A ver, que no estoy para bromas! ¡El interruptor! ¿Dónde está el interruptor?

ANTONIA. *(Se mueve cómodamente, incluso a oscuras).*
Aquí, ¿es que no lo ve? Espere, que yo lo enciendo...
(Se oye el sonido del interruptor). Ya está. ¿Ve? Ahora
la enciendo, ahora la apago... ¡Madre mía, cuánta
luz hay en mi casa! ¿Es que no la ve?

SARGENTO. No, no la veo...

ANTONIA. ¡Madre mía, que se ha quedado ciego!

MARGARITA. ¡Ciego... tan joven!

ANTONIA. ¡Ha caído en desgracia! ¡El Señor lo ha castigado! ¡Pobrecillo!

SARGENTO. ¡Basta ya! ¡Abrid la ventana..., que quiero
asomarme!

ANTONIA. ¡Pero si la ventana está abierta!

MARGARITA. Sí, claro que la ventana está abierta. ¿Es
que no lo ve?

ANTONIA. Venga usted a verlo. *(Lo agarra de un brazo).*
Eso, por aquí. *(Le pone delante una silla).* ¡Cuidado
con la silla!

(El SARGENTO se estampa contra la silla).

SARGENTO. ¡Ay..., ay! ¡Qué hostión!

ANTONIA. ¡Tenga cuidado con dónde pisa!

SARGENTO. ¿Pero cómo, si no veo nada?

ANTONIA. ¡Pues sí que está ciego, pobrecillo!

SARGENTO. *(Furioso y asustado).* ¡De ciego nada!

ANTONIA. Venga usted... Mire, aquí está la ventana...
(Lo lleva al aparador de la izquierda y abre las vi-

trinas superiores). Tenga cuidado... Mire, aquí está el alféizar... Abrimos la ventana... Toque, toque... *(El SARGENTO la sigue a tientas).* ¡Asómese...! ¡Qué vistas! ¡Siempre se me olvida...! ¡Precioso! ¡Cuántas luces! ¡Menuda iluminación! ¡Qué fiesta! ¡Todo por santa Eulalia! ¿Es que no lo ve?

SARGENTO. *(Desesperado).* ¡No, no, no veo nada! ¡Nada de nada! Por dios, ¿qué me ha pasado? ¡Una cerilla..., enciendan una cerilla!

ANTONIA. *(Preocupada).* ¿Una cerilla? Tengo algo mejor que una cerilla... *(Se acerca a los fogones, coge el mango del soldador).* Quédese quieto, no se mueva, que no conoce la casa y puede hacerse daño... Yo se lo acerco... Tengo un soplete con llama *(Lo enciende).* ¡Mire, mire qué llama sale!

SARGENTO. Yo no veo ninguna llama... Déjeme tocar...

ANTONIA. No, no, que está al rojo vivo...

SARGENTO. ¡Le he dicho que lo quiero tocar! ¡Es una orden!

ANTONIA. Bueno, si es una orden... *(ANTONIA obedece).*

SARGENTO. *(Toca el mango del soldador).* ¡Ayyyy, ay, ay, ay! ¡Mi mano, me he quemado la mano, dios mío, dios, qué daño!... *(Se sopla la mano).* ¡Cómo quema!

MARGARITA. *(Le agarra la mano).* ¡Pero si huele a quemado! ¡Parece una barbacoa!

ANTONIA. ¡Pues claro! ¿Lo ve? ¿Ve lo que pasa por no querer creer?

SARGENTO. *(Llora desesperado)*. ¿Entonces me he quedado ciego de verdad? ¡Estoy ciego!

ANTONIA. ¡Pero si llevamos más de una hora diciéndolo! No llore... Ánimo... Valor... No llore, por su honor... Pero, a fin de cuentas, ¿qué ha pasado?... Si no ha pasado nada... Solo se ha quedado un poquito ciego...

SARGENTO. ¡Quiero salir..., quiero salir! *(Cada vez más desesperado)*. Quiero irme a casa... con mis superiores...

ANTONIA. Espere, espere que lo acompaño a la puerta... Más lejos no puedo acompañarlo... porque tengo la sopa en el fuego... Aquí está la puerta. *(Abre la puerta del armario)*. Hasta luego...

SARGENTO. *(Se lanza como un poseso y se estampa; retrocede renqueante y se cae al suelo)*. ¡Ay!

MARGARITA. ¡Se ha partido la cabeza!

SARGENTO. ¡Ay! ¡Qué golpetazo! ¿Quién ha sido? *(Levanta un poco la cabeza)*.

ANTONIA. *(Busca, desesperada, una repuesta)*. El niño... ¡Es el niño de santa Eulalia, que lo ha tocado en la frente con su manita!

SARGENTO. ¡Pues vaya manita! *(Cae sin sentido)*.

ANTONIA. ¡Sargento! ¡Sargento! Vaya, se ha desmayado. *(Se arrodilla a su lado)*.

MARGARITA. ¿Y si está muerto?

ANTONIA. Tú siempre tan optimista, ¿eh? ¡Qué muerto ni qué niño muerto! Coge la linterna... de ahí, del aparador. *(Tanteando, MARGARITA lo hace)*. No, no

está muerto... se ha desmayado... está perfectamente... respira...

MARGARITA. ¡Está muerto, está muerto y no respira!

ANTONIA. *(Lo ausculta).* Que no... Hazme caso... Respira..., respira... ¡No respira! ¡Ni siquiera le late el
corazón!

MARGARITA. ¡Madre mía! ¡Hemos matado a un policía!

ANTONIA. Puede que me haya pasado un poco... ¡¿Y
ahora qué hacemos?!

MARGARITA. ¿Cómo que qué hacemos? ¿Yo qué tengo
que ver? Esta la has liado tú... Lo siento, pero me
voy a mi casa... Las llaves... ¿Dónde he puesto las
llaves de casa?

ANTONIA. ¡Qué buena amiga, que me dejas aquí tira-
da! ¡Qué solidaria!

MARGARITA. *(Encuentra unas llaves en una mesa).*
¡Aquí están! ¡Pero tengo otras en el bolsillo, dos
juegos de llaves! ¡Pero si estas son las de mi marido!
¡Eso significa que ha estado aquí..., que ha venido
a buscarme... y se las ha dejado! ¿Lo entiendes,
Antonia?

ANTONIA. *(Grita).* ¡Y a mí qué me importa! ¡Tengo
aquí a un sargento muerto y esta se pone a hablar-
me de llaves...!

MARGARITA. Eso quiere decir que mi marido y el tuyo
se han visto. ¡Y seguro que le ha cascado la historia
de que estoy embarazada! ¿Y ahora yo qué le digo?
Yo no cuento mentiras tan bien como tú.

ANTONIA. *(Al darse cuenta de lo que pasa)*. ¡Qué horror! ¡Es la primera vez que mato a alguien! Me encuentro fatal... *(Llorando, se dirige al SARGENTO)*. Sargento..., no me haga esto... Hagamos las paces... Solo ha sido un golpecito con la puerta... Sargento..., despierte... *(Le levanta un brazo y lo suelta. El brazo cae a plomo, sin vida)*. ¡Está muerto perdido!

MARGARITA. ¿Ves lo que pasa por reírse de los milagros?

ANTONIA. *(Mientras le hace una grotesca respiración artificial al SARGENTO)*. Ha sido él el que se ha reído... Yo se lo he advertido: ¡cuidado con la maldición, que santa Eulalia es una santa tremenda!

MARGARITA. ¿Pero qué estás haciendo?

ANTONIA. ¡La respiración artificial!

MARGARITA. ¿Pero por qué le haces eso? Así no se hace... Hay que hacerle el boca a boca, como a los ahogados.

ANTONIA. ¿Quieres que me ponga a besar a un policía? ¡Con mi trayectoria política! Además, que si Juan se entera... ¡No pienso besarlo! *(Pausa)*. Margarita..., ya que estás..., bésalo tú...

MARGARITA. No pienso hacerlo.

ANTONIA. ¡Eres una egoísta! ¡Un piquito en la boca ni se nota!

MARGARITA. Necesitaríamos una bombona de oxígeno.

ANTONIA. *(Reflexiona un momento)*. ¡Lo tengo! A ver, ¡tengo la de la soldadura autógena, que es de oxígeno! Una es de hidrógeno y la otra de oxígeno... Ven, ayúdame... Cierro la válvula del hidrógeno..., así...,

y abro la del oxígeno... *(Lo hace)*. Con calma...,
como en las operaciones... ¡Verás lo rápido que se
recupera en cuanto le empiece a entrar el oxígeno!
¡Y además estará contento! ¡Será como si se hubiera
tirado un mes en la montaña!

MARGARITA. ¿Estás segura de que funcionará?

ANTONIA. Por supuesto... Lo he visto en la tele, en *House*. *(Se acerca al policía y le mete el mango en la boca)*.

MARGARITA. Ah, sí, *House*, la del doctor cojo, ¿no?
¡Era tan sexi!

ANTONIA. Vas a ver cómo le entra el oxígeno en los
pulmones... Verás que se le levanta el pecho..., después baja... Eso, eso... Empieza a moverse, empieza
a respirar... Mira cómo se levanta... Eso es, ahora
verás cómo baja.

MARGARITA. A mí me parece que solo sube... Y la tripa
también. ¡Mira..., para! ¡Se está hinchando entero!

(Las dos mujeres corren a cerrar la máquina in-
fernal. MARGARITA le saca el mango de la boca
al SARGENTO).

ANTONIA. ¡Me cago en la leche! ¡Me he equivocado de
bombona! ¡Le he dado hidrógeno en vez de oxígeno!
¡Madre mía, qué tripón!... ¡He preñado a un policía!

(Oscuro. Cambio de escena. Se cierra el telón y
entran unas escaleras y una puerta).

Escena tercera

(En escena, Juan y Luis están en el rellano del apartamento de Luis con los sacos robados).

Juan. ¡No podemos quedarnos en el rellano como dos idiotas... ¡Y encima tenemos que hacer el cambio de decorado! Mira, voy a intentar tirar la puerta abajo.

Luis. ¡Que te he dicho que no! ¡Acabas de ver cómo me he estampado y no hay manera! ¡Esta no la abrimos ni con una retroexcavadora, que tiene dos cerraduras y un cerrojo!

Juan. ¿Pero por qué tenéis tanta seguridad?

Luis. Mi mujer, que tiene mucho miedo de que nos entren a robar.

Juan. ¡Pues mira qué bien! ¡Y cuando los ladrones, los de verdad, tienen que entrar en su casa, nos han jodido... en el rellano como dos gilipollas! Anda que tú, tío: un ladrón que pierde las llaves de su casa.

Luis. ¡Deja de llamarnos ladrones!

Juan. *(Se oyen pasos).* Vaya, alguien viene...

Luis. Calma, que será algún vecino.

Juan. De vecino nada, que es el sargento... *(Esconde los sacos).*

Empleado de la funeraria. *(Voz en* off*).* Perdonen, necesitaría que me dieran una información.

123

JUAN. ¡Me cago en la puta, el sargento! *(Intentan huir)*. ¡Nos han pillado!

LUIS. Pues, si no es, se le parece mucho, pero no es él.

JUAN. Es verdad, no es el sargento.

(Entra en escena el EMPLEADO DE LA FUNERARIA: es el mismo actor que ha representado tanto al AGENTE como al SARGENTO).

EMPLEADO DE LA FUNERARIA. *(Entra en escena)*. ¿Qué decía? ¿A quién dice que me parezco?

JUAN. ¡Ostras, cómo se parece! Y también es clavadito al agente sin bigote... Ja, ja... Perdone que me ría. No me río de usted, pero me parece estar en una obra cómica que vi de pequeño... ¿Sabe? Una de una compañía de esas de cuarta... donde, como les faltaban actores, el mismo actor representaba todos los papeles de policía de la obra.

EMPLEADO DE LA FUNERARIA. Pues yo, la verdad, es que no soy policía.

JUAN. ¿Y entonces a qué se dedica?

EMPLEADO DE LA FUNERARIA. Soy el de las pompas fúnebres.

JUAN. ¡Toca madera, toca madera! *(Hacen los cuernos con la mano y se tocan las cabezas)*. Perdone, nos sale solo.

EMPLEADO DE LA FUNERARIA. No se preocupe... Los entiendo... Todo el mundo lo hace en cuanto me ven... Yo mismo lo hago cada vez que me miro al espejo. *(Se toca la cabeza y a la vez simula tener un espejo en la otra mano)*.

JUAN. *(Ríe)*. ¡Ah! ¡Y ha hecho también lo del espejo! Qué gracioso.

EMPLEADO DE LA FUNERARIA. Gracias. *(Se dispone a subir al piso de arriba, pero se para)*. Por cierto, ¿saben dónde vive un tal Sergio Prampolini? No sé si es en el primero, en el segundo o en el cuarto. ¿O también hay buhardillas...?

LUIS. Sí, ahí arriba en el tercero. Pero estoy seguro de que no está en casa. ¡Está en el hospital! ¡Está siempre enfermo, el pobre...! ¡Vaya vida!

EMPLEADO DE LA FUNERARIA. De hecho, ha muerto.

JUAN. ¡Lo ha resuelto!

EMPLEADO DE LA FUNERARIA. Pero el cuerpo ya no está en el hospital, se lo ha llevado algún familiar. Esperaba encontrarlos en casa... Pero si no hay nadie, me vuelvo a llevar el féretro.

JUAN. Mire, déjemelo a mí... si se fía... Yo vivo enfrente.

LUIS. ¡Claro! Les dejamos una nota a los Prampolini que ponga: «El ataúd de papá está en casa; cuando queráis...».

EMPLEADO DE LA FUNERARIA. Muchas gracias... Son muy amables.

JUAN. Pero usted tiene que dejarnos meter estos sacos dentro del ataúd... Como está lloviendo... Porque son cosas muy delicadas, que no se pueden mojar. ¡El féretro tendrá su tapa y todo, ¿no?!

EMPLEADO DE LA FUNERARIA. ¡Sí, sí, es un ataúd en toda regla!... ¡Para pobres, pero con tapa, por supuesto!

JUAN. ¡Menudo Ayuntamiento tenemos, que nos suministra tanto los ataúdes como las tapas!

EMPLEADO DE LA FUNERARIA. ¡Nuestro alcalde está en todo!

JUAN. ¿Vamos?

EMPLEADO DE LA FUNERARIA. Sí, sí, vamos. Yo me adelanto y les digo que vayan bajando el ataúd del camión. *(Sale)*.

JUAN. ¡Ahora vamos a ver si los policías se atreven a venir a husmear dentro de un ataúd! *(Saca la puerta de escena y vuelve a entrar)*.

LUIS. *(Tocado)*. Es la hostia, pero ¿cómo se te ha ocurrido lo del ataúd?

JUAN. Por una cosa que pasó en Nápoles...

LUIS. ¿En Nápoles?

JUAN. Bueno, en la provincia de Nápoles..., ¡en un vertedero aparecieron varios cadáveres recientes, bien vestidos, con su rosario, pero sin ataúd! Después se supo que había una banda de delincuentes que robaba los ataúdes del cementerio municipal: sacaban los cadáveres, los tiraban a un vertedero... y los ataúdes los vendían... a otro ayuntamiento. ¡Se sacaron una pasta, hasta millones, con ese trasiego!

LUIS. Es el mismo sistema que usan algunos bancos...

JUAN. ¿Los bancos?

LUIS. ¡Cogen acciones, las dejan sin valor y te sueltan el muerto!

JUAN. ¡Los bancos son como los cementerios!

(Salen con la escalera, en la que han apoyado los sacos robados. Cambio de escena. El telón se abre y nos encontramos de nuevo en el apartamento de ANTONIA y JUAN).

ESCENA CUARTA

(Encontramos a las dos mujeres en casa. El SAR-GENTO sigue en el suelo. ANTONIA llena su saco con paquetes y latas que saca de debajo de la cama. MARGARITA está furiosa).

ANTONIA. Margarita, abre la ventana, que no se ve nada...

MARGARITA. *(Abre la ventana).* ¡Está diluviando! ¡Vale, pues que sepas que eres una inconsciente, además de estar loca! Manda narices, que tenemos un muerto en casa y ella solo piensa en cómo llevarse la pasta y el arroz.

ANTONIA. Estos son los últimos viajes que hacemos... Además, qué le vamos a hacer: si se ha muerto, se ha muerto. Y si está vivo, verás que en cuanto se recupere sale corriendo al santuario de santa Eulalia y se pone de rodillas a dar gracias por haber recuperado la vista con buena salud. ¡Aunque un poquito embarazado!

Margarita. Tú sigue de guasa, que ya verás lo que nos pasa.

Antonia. Más de lo que nos ha pasado en las últimas veinticuatro horas no nos puede pasar. Mira, ven, ayúdame a moverlo... Vamos a quitarlo de en medio.

Margarita. ¿Y dónde lo metemos?

Antonia. En el armario.

Margarita. ¡¿En el armario?!

Antonia. ¿Y si no dónde? ¿Pero es que no has visto películas de misterio? ¡Los muertos siempre están metidos en armarios! ¡Venga, ayúdame!

(Las dos mujeres intentan levantar al Sargento. Con mucho esfuerzo, al final lo consiguen. Cierran la puerta del armario).

Antonia. Vuelvo enseguida..., que tengo que ir al baño, que me lo hago encima... Hazte tú la tripa..., que todavía nos quedan dos viajes más..., y habremos terminado... ¡Estoy muerta! *(Sale en dirección a otra habitación).*

(Se abre la puerta. Entra LUIS. Lleva puesta la gorra del EMPLEADO DE LA FUNERARIA).

LUIS. *(En un susurro).* ¿Hay alguien ahí? ¿Está el sargento?

MARGARITA. ¿Quién es?... *(Asustada, cortada, esconde el botín bajo la cama).* Luis, ¿eres tú?

LUIS. *(La abraza).* Mi querida Margarita, por fin... ¿Cómo estás?... ¡Deja que te vea! ¡Pero si no tienes tripa! ¿Y el niño? ¿Dónde está el niño? ¿Cómo está? ¿Lo has perdido?

MARGARITA. ¡No, no..., tranquilo! ¡Todo ha salido muy bien!

LUIS. ¿De verdad? ¿Y tú estás bien? Cuéntame...

MARGARITA. Después, después... Mejor que te lo cuente Antonia... Ella te lo cuenta...

(Corre hacia la otra habitación).

LUIS. ¿Pero Antonia por qué?

SEGUNDO EMPLEADO DE LA FUNERARIA. *(Voz desde fuera).* Oiga, que este ataúd pesa. ¿Qué hacemos..., entramos o no?

LUIS. *(Va hacia la salida).* Sí, sí, claro, entrad... El sargento no está, aquí no hay nadie. Venga, Juan, sal del ataúd..., que para meterlo en la casa tiene que entrar de lado.

JUAN. *(Desde fuera, estirándose).* Qué pena... Con lo bien que estaba ahí dentro... Me he quedado frito. *(Entra en escena seguido por el* Segundo em-pleado de la funeraria, *que, con ayuda de* Luis, *mete un enorme ataúd).*

Margarita. *(Desde la otra habitación).* ¡Antonia, Antonia, sal, corre!

Antonia. *(Desde dentro).* ¿Qué pasa? ¿Es que ya no puede una ni mear tranquila?

Juan. ¿Han vuelto las dos?

Luis. Sí, sí, todo ha salido bien... Están perfectamente.

Juan. Menos mal... *(Al de la funeraria).* Gracias, gracias por todo.

Luis. *(Al de la funeraria).* Hasta luego. ¡Uy, el sombrero! *(Se lo da).* Y gracias por esto también.

Segundo empleado de la funeraria. Faltaría más. *(Sale).*

Juan. ¿Y ahora qué hacemos con el féretro?... ¡Si no tengo ni un jarrón para ponérselo encima!

Luis. Mira, tengo una idea. Cerramos la puerta de la habitación, las dejamos un rato encerradas mientras nos deshacemos de todo. Los sacos los metemos debajo de la cama y el ataúd lo ponemos de pie en el armario.

Juan. Buena idea, ve a echar la llave.

*(*Juan *y* Luis *empiezan a sacar los sacos del ataúd. Y los meten bajo la cama).*

MARGARITA. *(Desde la otra habitación).* A ver, Antonia, ¿puedes darte prisa? Que tengo que decirte una cosa.

ANTONIA. *(Igual).* Ya voy, que me estoy vistiendo... ¡Es que se me sale todo!

(Ellos dos han terminado de colocar los sacos bajo la cama).

JUAN. Ya está... Ya hemos colocado los sacos. Empuja, que así los metemos hasta el fondo.

LUIS. No están bien puestos... Mira, a base de empujar los hemos metido por este lado... y sobresalen por el otro... *(Mira por debajo de la cama, con la cabeza hacia abajo).* ¡Lo que hay aquí! ¡Cuando estaban dentro del ataúd no parecía que hubiera tantas cosas! ¡Parecen el doble!

JUAN. Es una ilusión óptica porque estás cabeza abajo... con los ojos del revés...

LUIS. ¿Ah, sí? ¡No lo sabía!

JUAN. Haz lo mismo cuando cobres... ¡Así te parecerá el doble! Venga, ayúdame a levantar el ataúd.

(Lo ajustan dentro del armario para que quepa el SARGENTO dentro).

LUIS. ¿Sabes que me ha parecido ver al sargento dentro del armario?

131

JUAN. ¿Al sargento? *(Abre rápidamente la puerta)*. ¡Basta ya de ilusiones ópticas! Mierda, no se cierra. *(Empuja inútilmente la puerta, que se queda abierta)*.

MARGARITA. *(Desde fuera)*. Antonia, yo ya estoy harta... ¡Te espero fuera, y peor para ti!

JUAN. Ábreles la puerta, que no me puedo mover...

(LUIS corre a abrir; entra MARGARITA).

MARGARITA. Luis, estás todo sudado... *(Ve a JUAN)*. Ah, Juan... Hola.

JUAN. Hola. Me ha dicho tu marido que ha ido todo bien... ¿Pero el niño ha nacido o no?

(ANTONIA entra corriendo en la habitación).

ANTONIA. ¿Pero se puede saber a qué viene tanta prisa? *(Al ver a los dos hombres se queda paralizada. Intenta esconder la tripa y, lentamente, doblada en dos, retrocede hacia la puerta de salida)*.

JUAN. *(Pega un alarido y se cae sobre la puerta del armario sentándose en el suelo)*. ¡Antonia! ¡La tripa! ¡¿Te has dejado trasplantar?!

LUIS. ¡¿El trasplante?!

ANTONIA. ¡Un poco!

JUAN. *(Intenta soltar la puerta, pero debe volver enseguida a sujetarla)*. ¿Te han hecho una cesárea?

ANTONIA. Una pequeñita.

JUAN. ¿Cómo de pequeñita?

ANTONIA. Bueno, en fin, algo razonable.

LUIS. *(A MARGARITA)*. ¿A ti también te han hecho la cesárea?

MARGARITA. Mmmm, sí. Bueno, no lo sé... Antonia, ¿me la han hecho?

LUIS. ¿Por qué se lo preguntas a ella? ¿Es que tú no lo sabes?

ANTONIA. Pues claro, a la pobre la han dormido. Y si estaba dormida, ¿cómo lo va a saber?

JUAN. ¿Así que a ti te han operado despierta? *(Instintivamente, va hacia ANTONIA, pero se tiene que parar al abrirse de nuevo la puerta del armario)*.

ANTONIA. ¡Pero bueno, basta ya! ¿Qué es esto? ¿Un interrogatorio de tercer grado? (La puerta vuelve a abrirse y ella corre a cerrarla). ¡Deja mi armario en paz! Anda que me has preguntado cómo me encuentro... *(Pega una patada a la puerta del armario para cerrarla)*... Como dos tontas nos hemos levantado de la cama..., que los del hospital no querían. *(JUAN pega un grito tremendo con el que cierra todas las puertas abiertas y ANTONIA sigue. De repente, casi por simpatía, una tras otra se abren las puertas de los armarios, de la vitrina, los cajones, incluso la tapa del cubo de la basura. Surge un carrusel absurdo que MARGARITA y LUIS se esfuerzan por gestionar)*. Y, además, ¿qué tendría que haber hecho, según tú?... Esta perdía el hijo...

Yo lo podía salvar. Porque, si no, ¿dónde estaría la solidaridad?... ¿Tú no eres el que siempre dices que hay que ayudar... y que un verdadero comunista..., quiero decir, uno del Partido Democrático, uno que se respete, debe ser...?

JUAN. Sí, sí, tienes razón... Perdona... Puede que lo hayas hecho bien... Vamos, por supuesto que sí.

LUIS. Gracias, Antonia, por lo que has hecho. Eres una buena mujer.

JUAN. ¡Sí, sí, eres una buena mujer!

LUIS. *(A MARGARITA)*. Venga, díselo tú también..., vamos...

MARGARITA. Sí, sí, Antonia. *(Con doble sentido)*. ¡Desde luego que eres una buena mujer!

ANTONIA. Bueno, ya basta..., que vais a hacerme llorar. *(Se levanta)*.

JUAN. Ven..., ven aquí... No te quedes de pie... *(La sienta en la cama)*. Es que con la cesárea... A lo mejor deberías haberte quedado en el hospital.

ANTONIA. ¡Ni pensarlo!... Además, mira, estoy perfectamente... ¡Ni me he enterado!

JUAN. Sí, sí... De frente... estás muy bien... Pero ¡mira que tripón! *(Le acaricia la tripa, emocionado. Se para. Pausa)*. Será una impresión mía, pero me parece que hace brrrr... ¡Y que se mueve!

LUIS. ¿Se mueve? Perdona, Antonia, ¿puedo tocar?

MARGARITA. *(Rápida)*. ¡No! ¡Tú no tienes nada que tocar!

LUIS. Oye, que también es hijo mío, ¿sabes?

JUAN. Desde luego... ¡Ahora resulta que somos parientes cercanos!

MARGARITA. *(Lloriquea)*. ¡Y yo aquí ya no pinto nada! ¿Es que me he vuelto invisible de golpe? ¡Todos estáis muy preocupados por Antonia! ¿Y yo qué?

ANTONIA. Tiene razón. Hacedle caso a ella también... Venga, quitaos... *(los dos se alejan)* que tengo que salir. *(Se levanta y se dirige veloz hacia la salida)*.

JUAN. *(Bloqueándole el paso)*. ¿Salir... a qué? Estás loca. Tú no te mueves de aquí... Te vas a meter en la cama, con calorcito... De hecho, vamos a poner la cama al lado de la estufa. *(Intenta mover la cama)*.

TODOS. *(A coro)*. ¡Noooo!

JUAN. Es verdad... Moverla es peligroso, demasiado peligroso... Están las bombonas...

ANTONIA. *(Se bloquea: ha visto la tapa del ataúd apoyada en la pared)*. Juan... ¿Qué es eso?

JUAN. *(Sigue hablando sin parar, intentando ganar tiempo para dar con una respuesta convincente)*. Están... las bombonas... Pero tú podrías haberme avisado... y no me habría preocupado... No te hubiera costado nada hacer una llamadita...

ANTONIA. Pero, Juan, ¿esto qué es?

JUAN. Podrías haberle pedido el teléfono a alguien..., a una enfermera..., y llamar al bar de abajo...

ANTONIA. *(Intenta interrumpir)*. Oye, Juan, perdona. ¿Qué es esto?

JUAN. *(Gime en voz baja, sin saber qué decir).* Oiga...,
oiga... Mire, por favor, dígale a mi marido que todo
ha ido bien...

ANTONIA. Juan, perdona, pero ¿quieres hacer el favor
de decirme qué es esa cosa de madera marrón?

JUAN. ... el niño se ha salvado y las madres también...

ANTONIA. ¡¡¡Juan...!!!

JUAN. *(Irritado).* ¡No intentes cambiar de tema! ¡Cómo
puede ser que en lugar de llamarme por teléfono...,
por lo del niño..., estés tan empeñada en este pedazo de madera asqueroso..., que es que lo quemaría!
Pero yo no lo he comprado... Es... es... un... un...

ANTONIA. *(Desesperada).* ¿Un...? ¿Un...? Juan, ¿un qué?
¡Que me lo digas! El caso es que me da un poco de
impresión... Me recuerda a algo...

JUAN. ¿Pero no te has dado cuenta? ¿Es que no ves la
tele? ¡Un niño..., hasta un niño lo sabría! En
la tele..., los anuncios..., sobre todo cuando se ve la
espuma..., las olas...

ANTONIA. ¿Pero qué es, Juan?

JUAN. ¡Pues una tabla de surf... barroca! Las venden en
la fábrica... en la puerta. Y ahora que nos van a dejar
sin horas hasta enero... Y digo yo..., en diciem-
bre..., ¿qué vamos a hacer? ¡Nos vamos al Atlántico
a surfear! ¡Nos vamos a las regatas, a ver los barcos
de vela! ¡Nos lo vamos a pasar pipa los dos juntos!
(ANTONIA le mira nada convencida). Ya lo sé... Sé
que no me crees... De hecho, es otra cosa.

ANTONIA. *(Decidida y amenazante)*. ¡Juan, dime ahora mismo lo que es!

JUAN. ¡Vaya, no eres capaz ni de aguantar una broma! Siempre has tenido muy poca imaginación... ¡Pues qué va a ser, la cuna! Cuando le he dicho a Luis «Luis, mira, que tu mujer está esperando un niño», él rápidamente, ha dicho «¡La cuna, la cuna!». Se ha metido en la primera tienda de cunas que ha encontrado: «¡Deme la más moderna que tenga!». El dependiente: «¿Estaría interesado en un producto japonés? Se llama Sweet Balance». *(LUIS y JUAN sostienen a ambos lados la tapa y la balancean de un lado a otro)*. Mira, aquí a los lados hay cuatro agujeros... Se cuelga del techo con unos cables de acero..., metes al niño... y, solo con tocarla, la cuna lo mece durante horas... Y cuando el niño llora, se le da un golpe y, ¡zas!, ¡hace un mortal! ¡¡¡Y se tira una semana entera... *(imita al niño muerto de miedo)* sin llorar!!!

(Antonia se deja caer en la cama, no muy convencida. Un VIEJO se asoma a la puerta; es el mismo actor/comodín de siempre, maquillado, con una peluca blanca y la cara llena de arrugas).

VIEJO. ¿Se puede? ¿Molesto?

JUAN. Hola, papá. Qué bien. Entra, entra.

ANTONIA. ¡Hola, papá!

JUAN. ¿Conoces a mis amigos? Este es mi padre.

VIEJO. Mucho gusto.

LUIS. Juan, ¿te has dado cuenta de que tu padre... se parece al sargento y al agente?

JUAN. No le digas nada, que está bastante gagá...

VIEJO. Oye, no empieces..., que yo no estoy nada gagá... *(Abraza y besa a* MARGARITA*)*. ¿Cómo está mi Antonia...?

JUAN. No, papá, ella no es Antonia... Antonia... es ella.

VIEJO. Ah, ¿sí?

ANTONIA. Sí, papá, soy yo.

VIEJO. ¿Por qué estás en la cama? ¿Te encuentras mal?

JUAN. No, es que está esperando un hijo.

VIEJO. Ah, sí... ¿Y a dónde ha ido? Tranquila, ya verás como vuelve. *(Mira a* LUIS *y lo confunde con el nieto)*. Ah, mira, ya ha vuelto... ¡Pero si está hecho todo un hombrecito! De todos modos, no deberías hacer esperar a tu madre...

JUAN. Papá, este es un amigo.

VIEJO. ¡Muy bien! ¡Hay que hacerse amigo de los hijos!... *(Confundido)*. De los padres, de los padres, de los hijos... *(Se recupera)*. Bueno, yo había venido a traeros unas cosas...

ANTONIA. *(Alarmada)*. No, no te molestes, papá...

VIEJO. No, no. Espera, que las he dejado fuera, en el rellano. *(Sale y vuelve a entrar con un saco que coloca sobre la mesa)*. A veces se me va un poco la cabeza;

ahí está. Lo he encontrado en el cobertizo. Esto debe de ser vuestro.

LUIS. *(Se acerca al saco y mira dentro)*. ¿Pero esto qué es? ¿Mantequilla, harina, tomate frito?

ANTONIA. ¡Yo no tengo nada que ver!

JUAN. Que no, papá, que eso no es nuestro.

VIEJO. ¡Pues claro que es vuestro, si esta mañana he visto a Antonia salir del cobertizo!

JUAN. *(Incrédulo)*. ¿Antonia...? *(Sube el tono)*. ¡Antonia...!

ANTONIA. ¡Para ya, que me vas a borrar el nombre! ¡Antonia, Antonia, Antonia! Vale, son unas cosas rebajadas que compré ayer...

JUAN. ¿En el súper?

ANTONIA. Sí, pero solo he pagado la mitad.

JUAN. ¿Y la otra mitad?

ANTONIA. ¡Me la he llevado!

JUAN. ¿Cómo qué te la has llevado? ¿Lo has robado?

ANTONIA. ¡Sí!

LUIS. *(A MARGARITA)*. ¿Tú también?

MARGARITA. Sí, yo también...

ANTONIA. ¡No, no, eso no es verdad!... Es una mentirosa... ¡Ella no tiene nada que ver! Ella solo me ha ayudado.

JUAN. *(Enfurecido)*. ¡Pero esto es increíble!... ¡Me vas a volver loco!

LUIS. Cálmate, Juan... Sobre los robos, mejor nos callamos.

JUAN. ¿Pero qué tiene que ver? ¿Es que no lo entiendes? ¡Nuestro caso es distinto! ¡Esta es una ladrona de tiendas! ¡Desgraciada!

ANTONIA. *(Harta del disimulo, muy seria)*. ¡Es cierto, tienes razón!... ¡Es una vergüenza, una deshonra! Sí, y además soy una desgraciada porque he jugado con tus sentimientos más íntimos de paternidad..., porque..., ahora te lo voy a decir..., lo del niño tampoco es verdad... Es otra mentira..., mira... *(Se saca de la tripa varios paquetes)*. En la tripa me escondía pasta, arroz y azúcar...

LUIS. ¿Cómo?... Entonces el niño, el trasplante... la cesárea... *(A su mujer)*. ¡¿Margarita?!

MARGARITA. ¡Yo le cubría las espaldas... o, mejor, la tripa!

JUAN. ¡Esto no puede ser..., esto es demasiado! ¡Has llegado a hacerme creer que estabas embarazada de trasplante!

VIEJO. ¡Uy, se me va el santo al cielo! Se me había olvidado una carta...

ANTONIA. ¡Papá, déjalo ya, tus cartas son siempre tonterías!

VIEJO. ¡No, si es solo un preaviso!... *(Saca una carta del bolsillo)*. ¡Pone que os van a echar de casa!

JUAN. ¿Quién?

VIEJO. El banco que os ha dado la hipoteca. Se han equivocado y han mandado la carta a mi casa. Aquí la tengo. Dice que no habéis pagado los últimos tres recibos...

JUAN. Pero eso es imposible, es un error. Déjame verlo. Porque Antonia... ha pagado religiosamente todos los meses, ¿verdad, Antonia?

ANTONIA. *(En vilo)*. Sí, claro.

VIEJO. De todos modos, nos van a desahuciar a todos, porque hace meses que aquí no paga nadie..., incluso los inquilinos pagan solo la mitad...

JUAN. ¿Y eso quién te lo ha contado?

VIEJO. ¡El comisario que se encarga de los desahucios..., una persona estupenda! También me ha dicho que estas casas las van a demoler porque están muy deterioradas... ¡Qué palabra más bonita: deterioradas! ¿Eh?... y van a construir dos rascacielos, de doscientos metros cada uno, todos cubiertos de verde, con plantas colgantes. ¡Qué espectáculo! ¡Para gente muy fina!

(Se siente de lejos un griterío y algunas órdenes).

LUIS. *(Se asoma a la ventana imaginaria)*. Venid, venid, mirad el despliegue de policía que hay...

JUAN. Es verdad... Hay que ver... Es como si estuviésemos en guerra. Mira cuántos camiones.

VIEJO. Claro, para llevarse los muebles y todo lo demás. ¡Y completamente gratis!

(Aumenta el vocerío; se oyen llantos de mujeres y de niños, y órdenes por encima).

POLICÍA. *(Voz en* off*)*. ¡Vamos..., moveos..., sacadlo todo!... ¡Hay que vaciarlos!

JUAN. ¡Pero si esta carta de desahucio está a nuestro nombre!... ¡Antonia, por favor! ¡¿Esto qué es?! ¡Habla!

ANTONIA. ¡No grites, que asustas al niño! ¡Ah, que ya no lo tengo..., menos mal!

JUAN. ¡Aquí pone que no hemos pagado los últimos tres meses! ¡Antonia, por favor!, ¿me lo puedes explicar?

ANTONIA. Está bien. Sí, es verdad. Hace tres meses que no pago la hipoteca, ni la luz, ni el gas... De hecho, nos los han cortado.

JUAN. ¡¿Que nos han cortado el gas y la luz?! ¿Pero por qué no los has pagado?

ANTONIA. ¡Porque desde que me despidieron, hace un año, no traigo a casa ni un euro y con tu nómina nos llega para la comida y poco más!

MARGARITA. Luis, tengo que decirte una cosa: ¡llevo cinco meses sin pagar el alquiler!

LUIS. ¡Pues mira tú qué bien!

ANTONIA. Mira, nosotras, las mujeres, somos todas unas desgraciadas... Y también las de este bloque y las de enfrente, y las del otro... ¡Todas!

JUAN. Pero esto es increíble... Pero, por favor..., ¿por qué no me has dicho que te faltaba dinero?

ANTONIA. ¿Y qué habrías hecho..., ir al banco a rehipotecar la casa por veinte años más para pagar los tres meses que faltan de la primera hipoteca?

JUAN. ¡No!... ¡¡¡Lo habría robado sin dudarlo!!!

142

ANTONIA. *(Con ironía, con las manos en alto)*. ¡Madre mía! ¡Jesse James! *(Simula una ametralladora)*.

JUAN. ¡Yo me pego un tiro! ¿Pero no te das cuenta? Llevamos toda la vida currando como bestias para poder tener una casa, vivir en ella y poder dejársela a nuestros hijos... y, de golpe, ¡estamos jodidos! ¡No nos queda nada! ¡Ahora somos unos sintecho!

ANTONIA. ¿Y de quién es la culpa? ¡Por supuesto que mía por no haber sabido gestionar bien el préstamo! ¡¡¡Por no haber previsto que nos iban a subir los intereses o que los bancos se iban a comportar como usureros!!!

JUAN. ¡Sabes de sobra que yo no quería hipotecarme! Me acuerdo perfectamente de que te lo dije a gritos: «¡Cuidado con los bancos, que son unos timadores! ¡Dejar la gestión de los préstamos en manos de los bancos es como poner a un vampiro al frente del banco de sangre!».

VIEJO. Bueno, en vista de que estáis todos bien, me voy. ¡Y al mal tiempo, buena cara! ¡Os deseo que tengáis una vida estupenda... como arruinados! *(Sale)*.

POLICÍA. *(Voz en* off*)*. ¡Atención! ¡Atención! ¡Los de los portales números quince, tres y setenta y dos están preparados! ¡Dentro de poco iniciaremos el desahucio!

JUAN. *(Hacia el exterior)*. ¡Qué buena noticia, muchas gracias! *(A su mujer)*. ¿Sabes qué es lo peor de todo? ¡Que cuando nos hayan echado, vamos a tener que

ir a la subasta de nuestra propia casa! ¡Y el banco la
comprará por la mitad de lo que llevamos pagado!

LUIS. ¡No te preocupes, que esto no va a quedar así!
¡Para eso existen las leyes, las normas y las insti-
tuciones, que intervienen inmediatamente ante
cualquier fraude o desahucio organizado!

JUAN. ¿Pero qué dices? ¿De qué intervención rápida
hablas?

*(Por el fondo entran unos REPONEDORES que em-
piezan a llevarse todo lo que encuentran bajo la
mirada incrédula de los cuatro).*

LUIS. ¡De lo que siempre hablas tú! ¡El sistema democrático de nuestro Gobierno! ¡Por favor, que no somos
una panda de miserables abandonados a su suerte!

JUAN. ¡Pues claro que somos unos miserables! ¡No nos
queda ni siquiera un poco de dignidad! Y, ya que
estamos, Antonia, te quiero decir una cosa: ¡Luis y
yo también hemos robado! *(Va a la cama y les enseña
el botín).* ¡Mira debajo de la cama... ¡Paquetes de
azúcar y harina!

ANTONIA. *(Maravillada de verdad).* ¡¿Has robado?!

LUIS. *(Se le acerca y le ayuda).* ¡Sí, pero ha sido porque
se ha cabreado cuando le he dicho que nos iban a
mandar a todos al paro!

JUAN. No, esa solo ha sido la última gota, porque el
vaso ya lo tenía lleno hace tiempo. *(A ANTONIA).*

Mira..., mira cuántas cosas... Pero esto no es todo... *(Le quita de las manos al* Mozo *la tapa del féretro antes de que se la lleve)*. ¡No! ¡Esto no se lo lleva!

Mozo. ¡Pues yo he recibido órdenes de llevármelo todo!

Juan. ¡De todos modos, quiero que sepas que eso no era una cuna!

Antonia. ¿No?

Juan. ¡No! ¡Es la tapa de un ataúd! ¡Mira, aquí está! ¡Ayúdame, Luis! ¡Y se me ha ocurrido a mí, para traer las cosas! *(Se dirige al armario.* Antonia *y* Margarita *intentan pararlo)*.

Antonia. ¡Estate quieto! ¿Pero qué haces?

Juan. Hago lo que tengo que hacer... Tienes que saberlo todo... *(Con ayuda de* Luis, *saca el féretro)*.

(Aparece el Sargento, *que se está despertando)*.

Juan y Luis. *(A coro)*. ¡¡¡El sargento!!!

Sargento. ¡Veo! *(Sale del armario)*. ¡No estoy ciego! ¡Santa Eulalia me ha perdonado..., me ha otorgado su gracia! *(Se fija en el tripón)*. ¿¡Y este tripón?! ¡Estoy embarazado! ¡Oh, santa Eulalia bendita..., te doy las gracias también por esto!... ¡Soy madre..., soy madre! *(Sale corriendo)*. ¡Gracias, santa Eulalia! ¡Gracias!

Juan. ¿Pero qué día es hoy? ¡El día de los zombis! ¡¡¡Un sargento embarazado!!! ¡Por eso la llaman la Benemérita! *(Se oyen disparos y gritos en el exterior.*

Todos corren hacia la ventana). Mirad, las mujeres están sacando sus cosas de los camiones. ¡La policía carga contra ellas!

LUIS. ¡Sí, pero mirad a los chavales en los tejados!... ¡Les tiran de todo..., tejas... ladrillos!

JUAN. Los policías disparan a la cintura...

MARGARITA. ¡Eso, y a quien le toque le ha tocado! ¡Si hay hasta paracaidistas!

(Los cuatro lanzan improperios).

TODOS. *(Alternándose).* Asesinos..., cabrones...., malditos... ¡Fuera de aquí!

JUAN. Corre..., corre... ¡Vamos a tirarles el ataúd a la cabeza!

ANTONIA. *(Para a JUAN).* ¡No! ¡Se escapan..., los policías se retiran!

LUIS. ¡Y nos hemos ahorrado un ataúd!

JUAN. *(Coge unos periódicos, lee y exclama).* ¡Viva, lo hemos conseguido!

ANTONIA. Pero, Juan..., ¿qué pasa?

JUAN. Mirad, aquí lo pone, en todos los periódicos..., en la portada: «La economía ha caído en picado; estamos en crisis». ¡El capitalismo se derrumba! Los de izquierdas, por fin, podemos gritar: «Teníamos razón, lo sabíamos». *(Exultante).* ¡Viva! ¡Bailad, brincad, que hemos ganado! ¡Karl Marx tenía razón!

(A sus espaldas se cierra el telón de El cuarto estado, *con el cuadro de* Pellizza da Volpedo*)*.

JUAN. ¡Pues va a ser que no!

TODOS. ¿Cómo que no?

JUAN. ¡El capitalismo se hunde *(tira el periódico al suelo)*, pero se nos cae encima! ¡A nosotros nos va a afectar más que a nadie!

LUIS. ¡Pues qué bien! ¿Para qué quieres tener razón si después te dejan tirado como un trapo?

JUAN. Por cierto, ¿os habéis fijado en este cuadro que tenemos detrás? Es una obra de arte de un famoso pintor del siglo XIX...

ANTONIA. Pellizza da Volpedo.

JUAN. Sí, Pellizza da Volpedo. ¿Y sabéis lo que significa? Todas las figuras de trabajadores, obreros, campesinos y mujeres que avanzan representan el cuarto estado, el de los oprimidos, los excluidos..., en fin, los asalariados.

LUIS. Los que pagamos impuestos. Aunque como nos los descuentan directamente del sueldo..., tampoco podemos librarnos.

ANTONIA. Y con una crisis como esta, con una quiebra de los mercados o, como lo llaman, un tsunami, una ola terrorífica con un viento de doscientos kilómetros por hora, que se lo lleva todo por delante..., ¡nosotros seremos los primeros en perderlo todo, junto a los pequeños ahorradores!

(Se acerca al SARGENTO*)*. Señor director de banco, porque usted es el director del banco, ¿verdad? *(Él asiente)*. He oído rumores de que mi dinero puede estar en peligro. ¿Cree usted que debería retirarlo?

SARGENTO. ¡Pero señora, por favor, no se deje influenciar! Todo esto es una falsa alarma, bulos que lanzan los especuladores y los catastrofistas. ¡Su dinero está aquí a buen recaudo! ¡Tenemos una economía de lo más saneada! Váyase tranquila. De hecho, yo, en su lugar *(se dirige al público)* y en el vuestro, compraría otro buen puñado de acciones, que van a subir como la espuma... ¡Bum!

JUAN. ¡Y de bum... a crac! ¡Tu dinero se ha esfumado, se ha vuelto papel mojado! Pero no os preocupéis; como dice el papa *(imita al papa)*, ¡el dinero no es lo importante! ¡Lo que cuenta no es el dinero! ¡El dinero no es nada, desaparece! Lo único que vale es el oro... Uy, perdón, la palabra revelada, por supuesto.

ANTONIA. ¡Perfecto! ¿Me pone un par de kilos, que tengo un hambre...?

MARGARITA. *(Mira la pintura)*. Pero, a ver, si los machacaban por todas partes, ¿cómo puede ser que los del cuarto estado sigan avanzando con decisión, tan seguros de sí mismos, confiando en su propia fuerza?

ANTONIA. Puede que haya llegado el momento de avisarlos: ¡cuidado, que todo se ha acabado, que estamos en el ojo del huracán!

MARGARITA. ¡Calma! ¡Calma! ¡Que esta gente sabe perfectamente lo que son los desastres económicos y las grandes crisis! Han demostrado tener mucha determinación durante más de un siglo, porque, como dicen en sus canciones, tienen un ideal: la construcción de la humanidad del futuro. *(Cantan La Internacional).*

JUAN. *(Los interrumpe).* ¡Basta! ¡Por favor, no caigamos en el triunfalismo patriótico!

LUIS. ¿¡Pero de qué triunfalismo hablas!? Miradlos. Estos personajes forman parte de nuestra historia. Cuadros como este deberían estar colgados en las aulas de todos los colegios y, sin embargo –¿lo habéis notado?–, estas imágenes están descoloridas, han perdido luminosidad.

JUAN. Y no es porque haya pasado el tiempo, es porque el cuarto estado siente que ha perdido algo, empezando por la Constitución, donde se dice que el pueblo tiene derecho a elegir a sus representantes en el Parlamento y que el que consigue más votos gobierna.

ANTONIA. Pero la Constitución no dice que quien ostenta el poder pueda cambiar las leyes en su propio beneficio...

MARGARITA. Pero tampoco puedes obligar con la fuerza de tus votos a que se vote una ley que te permita anular siete juicios, y me refiero a siete juicios contra ti, gracias a una prerrogativa y a dos, tres y hasta cuatro decretos ley que te has inventado con tus abogados, a los que después sientas a tu lado en el Gobierno.

JUAN. No, basta: ya no podemos aguantar las bromitas de los europeos que, en cuanto se ven, se dan codazos y murmuran: «Mira los italianos, *les italien*, un pueblo pasmado y aborregado *(risas)* que se traga las atrocidades con un eructito» *(¡Hip!)*.

(Se les unen otras personas).

ANTONIA. Con un presidente que se burla de los jueces y los amenaza con cargárselos a todos...

MARGARITA. Pero para salvar Alitalia y que siguiera en manos italianas, Silvio tuvo una idea genial: la dividió en dos. Una de las partes, la que estaba hasta arriba de deudas millonarias y al borde de la quiebra, se la entregó al Estado, y la otra, con toda la flota y con ganancias aseguradas, se la entregó a empresarios amigos suyos... ¡Todos italianos! ¡Viva Italia!

SARGENTO. Y sale por la tele gritando: «¡Italianos, no tengáis miedo, pues el dinero que tenéis en el banco está seguro! ¡Y si el banco quiebra, os lo reembolsará el Estado... con vuestro dinero!».

ANTONIA. Y nosotros, despedidos, desahuciados y sin futuro.

JUAN. Por eso ha ido perdiendo luz y color el cuadro de nuestros antecesores, y nosotros también, poco a poco, corremos el riesgo de desaparecer. A veces, cuando paso por delante, me siento como si estuviera dentro de la tela, como si me hubiera absorbido.

(Todos retroceden, casi se confunden con el cuadro que tienen detrás).

LUIS. Eso es lo que nos pasa a todos. Estamos metidos hasta el cuello.

MARGARITA. Claro, y si no sacamos nuestra fuerza, nuestro valor, poco a poco nos iremos deshaciendo en la pintura como si fuéramos una pieza antigua de museo.

ANTONIA. Muévete un poco para allá.

MARGARITA. Déjame un poco de sitio.

LUIS. Me siento algo aplastado... ¿Pero qué pasa?

SARGENTO. No os veo...

JUAN. Será una sensación mía, pero me siento un poco rígido...

SARGENTO. No empujéis...

ANTONIA. Déjame respirar...

LUIS. Madre mía, cuánta gente...

MARGARITA. ¿Está oscureciendo, o me equivoco? Me estoy aplanando...

LUIS. Yo me toco y no me siento...

UN HOMBRE. Qué silencio...

UNA MUJER. Me está entrando un sueño...

JUAN. ¡Silencio! ¡Los monumentos no hablan!

(Entra la música. La luz baja lentamente. Oscuro).